CB039411

NOVOS FRUTOS

CAMILA SARAIVA VIEIRA

Prefácio de PAULO VIEIRA

NOVOS FRUTOS

TRANSFORME
SEUS RESULTADOS
EM TODAS AS ÁREAS
DA SUA VIDA

Gente
editora

Diretora
Rosely Boschini

Gerente Editorial
Rosângela de Araujo Pinheiro Barbosa

Editora
Natália Domene Alcaide

Assistente Editorial
Camila Gabarrão

Produção Gráfica
Leandro Kulaif

Coordenação Editorial
Franciane Batagin Ribeiro

Preparação
Marina Montrezol

Capa
Daniel Zemuner Trindade

Ilustração de capa
Shutterstock

Adaptação de Capa
Miriam Lerner

Projeto Gráfico
Plinio Ricca

Ilustrações das páginas 7, 8, 10, 12, 19
Shutterstock

Ilustrações de miolo
Luyse Costa

Diagramação
Plinio Ricca

Revisão
Debora Capella

Equipe de Jornalismo da Febracis
Gabriela Alencar, Luana Almeida,
Maggie Paiva e Raiane Ribeiro

Impressão
Gráfica Santa Marta

Dados Internacionais de Catalogação na Publicação (CIP)
Angélica Ilacqua CRB-8/7057

Vieira, Camila Saraiva
   Novos frutos: Transforme seus resultados em todas as áreas da sua vida/ Camila
Saraiva Vieira. - São Paulo : Editora Gente, 2025.
   256 p.

ISBN 978-65-5544-592-3

1. Desenvolvimento pessoal I. Título

25-0393   CDD 158.1

Índices para catálogo sistemático:
1. Desenvolvimento pessoal

NOTA DA PUBLISHER

"Tudo o que você vive na sua vida hoje é colheita. Você tem colhido, se alimentado e vivido os frutos das suas escolhas até aqui". Esta afirmação tão forte representa a mensagem central deste livro que está agora em suas mãos. Camila Saraiva Vieira brilhantemente explica em *Novos frutos*, a sua nova obra direcionada a todos aqueles que querem mudar os resultados que têm hoje, como podemos transformar a nossa realidade a partir do momento que reconhecemos as leis soberanas que regem nossa vida.

Para mim, é uma grande alegria receber esta nova obra da Camila, uma mentora, empresária, palestrante e, acima de tudo, uma mulher que admiro profundamente por toda a coragem, verdade e integridade que coloca em cada um de seus projetos, na maneira como cuida da sua família e na dedicação ao ajudar uma legião de mulheres a resgatarem a própria identidade.

Com muita generosidade, Camila nos entrega o caminho para reconhecer que todos somos dignos de uma vida plena e abundante. No entanto, para conquistá-la, é preciso identificarmos as sementes que temos plantado para, assim, curarmos as feridas emocionais que têm nos aprisionado e escrever uma nova história.

Este livro, portanto, é um convite para que você mude aquilo que precisa ser transformado na sua vida e para que, ao final dessa jornada, possa fazer da sua realidade uma experiência frutífera e cheia de propósito todos os dias.

Ótima leitura!

Rosely Boschini
CEO e Publisher da Editora Gente

AGRADECIMENTOS

Eu agradeço ao meu Senhor, meu Pai e Deus Todo-Poderoso, por tudo que fez em minha vida até aqui. Obrigada por usar o Seu povo para sempre me apontar a direção na qual devo caminhar. Obrigada por usar um profeta para me entregar o título deste livro, como resposta às minhas orações durante vinte e um dias de jejum. Te amo, meu Aba.

Obrigada, meu amado e salvador Jesus Cristo, por ter me amado primeiro, por ter me perdoado, por ter morrido por mim e por ter transformado a minha vida. Eu te amo, Jesus, e sem ti não presto. Guarda o meu coração, Jesus.

Obrigada, Espírito Santo, meu amigo a quem clamo todos os dias. Obrigada por encher o meu coração da presença gloriosa do Pai, obrigada por puxar a minha orelha quando erro e por constranger o meu coração, ensinando-me a tê-lo genuinamente arrependido. Obrigada por sussurrar ao meu ouvido cada palavra a ser dita nos momentos importantes da minha vida.

Obrigada, meu amado e honrado esposo, Paulo Vieira, por seu amor e perdão. Obrigada por me apoiar, me incentivar e me dar voz para cumprir a minha missão. Obrigada por todas as ferramentas e conteúdos que são usados para mudar a minha vida e a de milhões de pessoas ao redor do mundo. Este livro, assim como os outros que escrevi, estão recheados do poder transformador dos conteúdos e das ferramentas que você desenvolveu e que são fruto do seu amor, da sua dedicação, de seus infinitos estudos, de seu temor e de sua obediência a Deus. Te amo até a eternidade.

Obrigada, meus amores Júlia, Mateus e Daniel, por me ensinarem que a jornada não tinha a ver apenas comigo. Por meio da vida e dos resultados de vocês vejo a bondade de Deus na minha vida. Tenho a convicção de que tudo valeu a pena, pois vocês já são e continuarão sendo a minha melhor parte, a minha melhor semeadura e os melhores frutos que eu poderia entregar ao mundo. Mamãe é a mulher mais feliz do mundo por ter vocês três.

SUMÁRIO

PREFÁCIO

Amigo, amiga, que frutos você tem colhido na sua vida? Seja nos seus relacionamentos, na sua família, na sua carreira ou na sua vida espiritual, os resultados que você colhe hoje são frutos diretos das sementes que plantou. E essa verdade é implacável. Muitos se assustam quando digo que cada um tem exatamente a vida, o casamento, a família e os resultados que merece. Mas eu afirmo, com convicção: ninguém colhe laranjas depois de plantar espinhos. Ninguém colhe paz após semear discórdia.

O que vivemos hoje é reflexo do que fizemos, conscientemente ou não; querendo ou sem querer. Esse princípio não é novo. Na Bíblia, o apóstolo Paulo afirmou: "O que o homem semear, isso também colherá" (Gálatas 6:7). E séculos depois, Isaac Newton confirmou essa verdade com sua terceira lei: toda ação gera uma reação de mesma intensidade e em sentido oposto. Agora eu pergunto a você: o que quer colher nos próximos anos?

Ação e reação, plantio e colheita. Quem compreende essa dinâmica tem um conhecimento poderoso em um mundo em que tantos vivem perdidos, sem direção. A verdade é que existe apenas um único responsável pelos seus resultados: você. As suas ações, escolhas, pensamentos e até mesmo omissões desenham o caminho que você percorre. Mas, a qualquer momento, você pode escolher fazer muito diferente do que fez até aqui e, então, colher novos e melhores frutos. Este livro da Camila mostra que é possível semear algo novo, bom e poderoso a qualquer tempo. Nunca é tarde para semear as sementes certas.

E falo isso não apenas como marido, mas como alguém que tem o privilégio de acompanhar de perto a jornada da Camila. Vi as orações para que Deus orientasse o que deveria ser dito nestas páginas, assim como as noites em claro escrevendo e estudando para dar o melhor dela e realmente impactar e mudar vidas por meio do livro, de modo verdadeiro e duradouro.

Muito mais do que isso, vi a Camila, com muita humildade, trazendo para estas páginas a própria jornada de transformação. Trazendo para você a jornada de acertos e erros para que você não precise passar pelas dores que ela própria passou. E por isso você tem em suas mãos um instrumento poderoso para preparar a sua nova plantação e ter uma nova colheita tão extraordinária como a que ela está tendo.

Novos frutos não é apenas um projeto pessoal, é uma missão. Aqui, você não encontrará apenas teorias, mas ferramentas práticas, aplicáveis e comprovadas. Um caminho claro para renovar a sua mente, fortalecer os seus relacionamentos, transformar a sua família e conquistar resultados incríveis em todas as áreas da vida.

Mas atenção: aprender sem agir é perda de tempo. Como costumo dizer: tem poder quem age, mais poder quem age certo e superpoderes quem age, age certo e na constância certa. Agora a escolha é sua. Você pode ler este livro como quem apenas consome informação ou pode decidir aplicar os seus ensinamentos como quem está comprometido com uma nova colheita.

E lembre-se: Deus já traçou planos grandiosos para a sua vida. Mas são as suas mãos que devem tocar a terra e plantar as sementes certas. A sua vida extraordinária começa aqui e agora.

Chegou a estação de plantar novas sementes para colher novos frutos! Desejo uma ótima e transformadora leitura.

Paulo Vieira
Criador do Método CIS® e autor best-seller

INTRODUÇÃO

| Seja bem-vindo à sua jornada de transformação

Neste livro, mostrarei como entender profundamente as suas memórias e feridas emocionais, que o fazem acessar a sua pior versão e machucar as pessoas que ama. Você vai se libertar dos padrões de autossabotagem que o impedem de florescer verdadeiramente, cultivando suas qualidades e colhendo os frutos de uma vida plena. Será capaz de semear escolhas conscientes para colheitas abundantes, gerando bons frutos em todas as áreas da sua vida e, também, na das pessoas ao seu redor, porque compreenderá que a sua missão aqui nunca se resumirá só a você.

Assim como uma árvore forte, saudável e frutífera, você foi feito para multiplicar e lançar novas sementes em outros solos, a fim de garantir que novos e bons frutos existirão na vida de outras pessoas. Este foi o maior aprendizado que tive nos últimos nove anos buscando ser transformada em meu caráter: entendi que o que estou vivendo e gerando não pode parar em mim. Seria muito egoísmo e muita pobreza de espírito achar que a minha jornada serve apenas para que eu e aqueles próximos a mim usufruamos dos novos e bons resultados. Deus não nos fez para nós mesmos, Ele nos fez para multiplicar aquilo que tem feito em nós.

Prometo que nas próximas páginas deste livro o conteúdo o levará a um novo nível de resultado em todas as áreas da vida. Os conceitos e as ferramentas de inteligência emocional e restauração de crenças presentes aqui o farão acessar a plena consciência sobre quem você vinha sendo, sobre as mentiras a seu respeito nas quais um dia acreditou e, principalmente, o capacitarão a fazer o caminho de volta.

Você será conduzido a tirar escamas dos seus olhos, aprender a se responsabilizar completamente pela vida que tem vivido até aqui e, além disso tudo, decidir construir uma nova história, com novos resultados em todas as áreas. Acredito sinceramente que sempre existirá algo melhor para ser conquistado em nossa vida, e, enquanto estivermos vivos, precisaremos ter ambição para podermos ser pessoas melhores, profissionais mais peritos, pais mais amorosos e capazes de formar filhos fortes e felizes. Entendo, ainda, que há um grau maior de saúde, prosperidade financeira e intimidade com Deus que devemos buscar.

Se hoje a sua vida está boa aos seus olhos, apresentarei um patamar mais alto de realizações e conquistas que acenderá uma chama em seu coração, dando um novo ânimo e entusiasmo. Também creio que tudo que causa dores, tristeza, preocupação e frustração na minha e na sua vida hoje pode ser completamente transformado a partir de um novo posicionamento. O seu passado, as suas escolhas certas e erradas até aqui só garantiram o seu presente, mas o futuro pode ser completamente diferente se você tiver acesso a uma nova e correta mentalidade, às ferramentas certas, e se você se mantiver pelo tempo necessário na jornada.

Usaremos a comparação entre os estágios de crescimento de uma árvore e os ciclos da vida humana. Passaremos pela seleção das sementes, a limpeza e o preparo do solo, bem como a nutrição e proteção da planta jovem, até que se fortaleça e seja capaz de florescer e frutificar, cumprindo o seu papel nesta terra.

A árvore boa não pode dar frutos ruins, nem a árvore ruim pode dar frutos bons. Toda árvore que não produz bons frutos é cortada e lançada ao fogo. Assim, pelos seus frutos vocês os reconhecerão!

Mateus 7:18-20

Essa passagem fala do propósito da nossa vida. Eu creio, por mim e por você, que Deus não perderia tempo criando a sua vida se Ele não tivesse um projeto específico para você nesta Terra. Acredito que você é perfeito, do jeito que é, para cumprir essa missão. Tudo aquilo que parece não ter dado certo na sua vida até aqui pode ser transformado em combustível para a sua jornada de transformação e alinhamento ao plano original de Deus para você, e só é preciso decidir viver a jornada e aprender a moer o orgulho de achar que já faz todas as escolhas certas e que são os outros que precisam mudar para que seja diferente.

Além de conduzi-lo por uma profunda transformação, *Novos frutos* o convida a abrir a sua boca para trazer pessoas importantes para você e sobre as quais exerce influência para a mesma jornada de transformação. Em 2023, lancei um devocional chamado *Plenitude: 40 dias para você ir além em todas as áreas da sua vida*. Esse livro gerou um movimento mundial de pessoas que têm aberto as suas casas, empresas, redes sociais e até mesmo igrejas, independentemente de religião, para multiplicar os temas do *Plenitude*, com seus exercícios e testemunhos pessoais. Hoje, já não posso mais medir o efeito de multiplicação gerado em vidas e mais vidas nos muitos continentes.

Para fortalecer ainda mais esse movimento, quero convocar você a fazer parte de algo muito maior, que vai muito além dos seus ganhos pessoais. Após a leitura de cada capítulo, você verá um conteúdo extra — que nomeei "Semeando" — com os principais pontos lidos, para que possa refletir e semear também a transformação na vida das pessoas que são importantes para você. Ao compartilhar o que tem aprendido, você será um vetor de mudança em muitas vidas, impactando relacionamentos, famílias, negócios. Será um verdadeiro semeador.

E como fará isso? Marque encontros com pessoas que estão dispostas a viver a jornada. Na sua casa, na empresa, na igreja ou nas redes sociais, reúnam-se para multiplicar o conteúdo do "Semeando", que traz tópicos para reflexão, exercícios práticos para vocês discutirem e aplicarem após os encontros, consolidando o aprendizado e facilitando a tomada de decisão, e uma oração de encerramento. Com a intenção de ajudá-lo a colocar em prática, preparei um vídeo explicando este movimento para impactar mais vidas.

febra.site/videocamila02

Um dia, recebi a ordem "Abra a sua boca!", e agora chegou a minha vez de dizer a você: "Abra a sua boca!". Deus o colocou no vale de ossos secos para que, pelo poder da Palavra Dele em você, a vida volte a brotar onde há morte e a esperança renasça onde há desolação. Lembre-se de que a seara é grande, e agora você faz parte dos poucos trabalhadores convocados. Deus começa a obra em você para depois agir poderosamente através de você.

Tenho certeza de que este movimento tornará a sua jornada mais consistente e transformadora; você verá um belo propósito surgir por meio da transformação que viverá ao ler este livro e o multiplicará na vida de outras pessoas. A cada página, estarei aqui, segurando a sua mão e conduzindo-o na jornada.

O melhor da sua vida até então começa agora!

Beijos, com amor,

Camila Saraiva Vieira

Assim como uma árvore forte, saudável e frutífera, você foi feito para multiplicar e lançar novas sementes em outros solos.

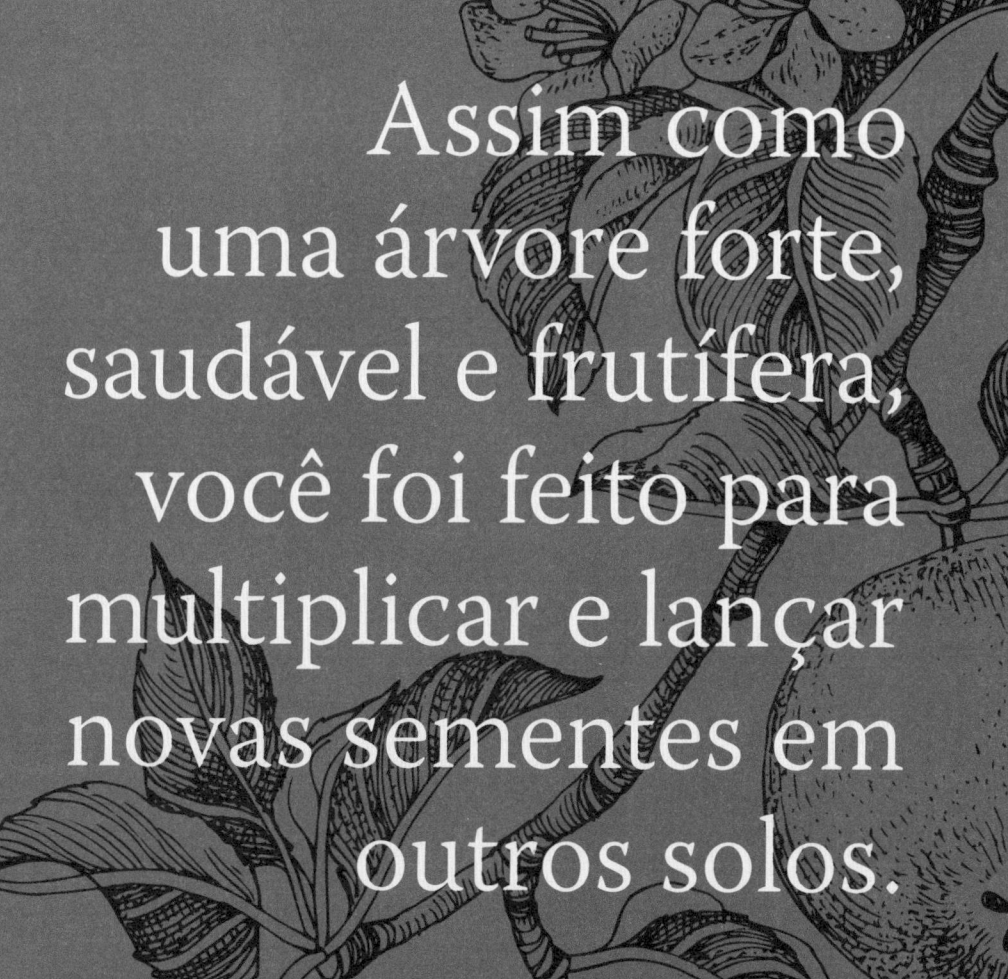

NOVOS FRUTOS

@camilavieira

1

TUDO É COLHEITA

É uma grande alegria saber que você disse "sim" ao meu convite para vivermos uma jornada de transformação juntos por meio deste livro que está em suas mãos. Seja bem-vindo! Tenho certeza de que esta jornada levará você a tomar decisões importantes, bem como incentivará que aja diferente e tenha resultados melhores e novos em todas as áreas da sua vida. Mas, para que isso aconteça, peço que você me dê acesso ao seu coração durante a leitura. Permita-se ser conduzido por uma estrada de verdade na qual você precisará de coragem e humildade para chegar ao destino. Eu prometo que valerá a pena e que você não estará sozinho. A cada nova página, segurarei a sua mão, e, no fim da jornada, teremos muitos motivos para celebrar.

No entanto, como ainda estamos no momento zero, o meu convite é para que você imagine que está na minha frente, segurando as minhas mãos e olhando em meus olhos. Feche os olhos e imagine isso. Conseguiu? Neste momento, olhe para si mesmo com amor e respeito. E lembre-se: tudo o que você vive na sua vida hoje é colheita. Você tem colhido, se alimentado e vivido os frutos das suas escolhas até aqui. Essa afirmação é um fato porque existem alguns princípios e leis na natureza que são absolutamente soberanos; um deles é a lei da ação e reação, que diz que para cada ação existe uma reação, ou seja, tudo aquilo que você semeou gerou a colheita de frutos que você tem feito hoje.

Na Palavra de Deus, existe uma lei também soberana, assim como as leis da natureza, que diz: "Não se deixem enganar: de Deus não se zomba. Pois o que o homem semear, isso também colherá" (Gálatas 6:7).

Então o que essas duas leis estão nos ensinando? Estão afirmando que, em nossa vida, tudo o que é vivido é uma resposta proporcional às nossas ações. É a colheita das sementes que plantamos no casamento, na vida financeira, na saúde, no relacionamento com os próprios filhos, na saúde emocional, na carreira profissional e até mesmo na qualidade do relacionamento que temos com Deus.

Se você soltar este livro agora, dirigir-se até um espelho e parar diante dele, o que verá? Vamos fazer o teste? Leia este parágrafo e faça isso. Vá até o espelho, olhe atentamente para você diante dele. Olhe nos seus olhos, perceba o formato do seu rosto, as marcas da sua vida até aqui; perceba o seu cabelo, a moldura que ele forma ao redor do seu rosto; perceba a sua boca, os seus dentes, o seu nariz e as suas orelhas. Depois que fizer isso, pergunte-se: quando foi a última vez que olhou sem pressa em seus olhos? Quando foi a última vez que observou sem pressa a si mesmo? O que está enxergando? Está vendo em seus olhos e nas expressões de seu rosto alegria, paz, entusiasmo, paixão pela vida e amor? Ou será que está vendo dores, medos, insegurança, culpa, cansaço e desânimo?

Durante esses minutos que ficou ali, tudo o que viu em você foi uma colheita, que denuncia a qualidade das sementes que você tem plantado até aqui e entrega a maneira como tem cuidado do solo da sua vida, que é o seu coração, em que nascem as suas emoções, bem como os seus comportamentos e as suas palavras.

Olhando para outras áreas e ainda analisando a colheita, vamos agora visitar a sua vida financeira. Se for possível, abra rapidamente o extrato da sua conta bancária. Olhe o valor em dinheiro que existe no seu saldo. Abra também as aplicações e observe quanto tem ali. Hoje, você tem uma quantia monetária que gera no seu coração a sensação de realização, de conforto e de liberdade? Ou será que, com o valor que está ali, você sente frustração, medo e insegurança?

Assim como no momento anterior, o que você vê é uma colheita! Um simples extrato bancário denuncia a qualidade das suas ações, os seus conhecimentos na área de finanças e a sua capacidade de fazer escolhas e tomar decisões de maneira correta na sua vida financeira. E, por que não dizer, também na sua vida profissional, pois essas duas áreas – financeira e profissional – tendem a caminhar juntas em direção ao sucesso ou ao fracasso. Assim, o seu extrato bancário e o seu faturamento mensal são colheitas.

Avançando um pouco mais, que tal dar uma olhadinha em como está a sua colheita na área da saúde? Se puder, suba agora mesmo em uma balança. Veja qual é o número que ela marca. Você gosta do que vê? Se tirar toda a roupa e ficar em frente a um espelho, a imagem que aparece ali lhe agrada? O seu peso e a sua forma física também são colheitas. São frutos das suas escolhas diárias.

A colheita da sua saúde diz respeito às escolhas que tem feito entre praticar atividade física com dedicação e constância ou optar pelo sedentarismo que é vendido dia após dia com o apelo do prazer imediato, entre a alimentação errada, "fácil" e "saborosa" e a alimentação saudável, que proporciona a energia e a vitalidade de que você precisa. Essa colheita denuncia quais têm sido as suas escolhas em relação às bebidas alcoólicas e à qualidade e à quantidade do seu sono. Não custa repetir: nossas escolhas diárias são sementes, e de Deus não se zomba.

Assim, a grande verdade é que somos regidos por essas leis soberanas e por isso precisamos saber caminhar com consciência, tendo a clareza de que todas as minhas e as suas ações produzem reações, assim como todos os meus e os seus comportamentos e escolhas diárias são sementes lançadas sobre nossas vidas – vamos colher e comer dos frutos gerados, sejam eles bons ou muito ruins.

Com verdade, responda para si mesmo: hoje, no seu casamento, quanto respeito, admiração mútua, amor, fidelidade, sexo de qualidade e na quantidade adequada, cumplicidade e respeito existem? Ou será que você tem vivido anos de muita solidão? E se eu disser que o seu relacionamento amoroso, feliz ou cheio de dores e fraturas, e até mesmo a sua solidão, também são colheitas? Todas essas possibilidades são os frutos gerados a partir de tudo o que você plantou até aqui com os seus comportamentos, as suas palavras, os seus pensamentos e até mesmo com aquilo que está omitindo.

Eu aprendi na prática a lei da semeadura na minha vida, e isso, infelizmente, aconteceu de modo muito doloroso. Preciso confessar, inclusive, que demorei para entender que aquela situação ruim da minha vida tinha sido gerada por mim. Vou contar para que você entenda, mas é muito importante que, à medida que eu falar sobre a minha história, você olhe para a sua vida, para a sua história e para as suas colheitas atuais. Combinado?

Em primeiro lugar, a minha colheita desastrosa teve como ponto de ebulição uma decisão tomada pelo meu marido, Paulo Vieira, e como ponto de ebulição refiro-me ao estado em que eu não podia mais negar o problema e havia perdido completamente o controle que um dia imaginei ter sobre a situação.

Era uma noite de sexta-feira, agosto de 2017, após um jantar com amigos. Naquele momento, ele me chamou para uma conversa e, com muito respeito e cheio de convicção, olhou em meus olhos e disse que não suportava mais manter o nosso casamento. Falou sobre quanto os meus comportamentos o faziam se sentir um homem tão desonrado, tão desrespeitado, tão desvalorizado por mim e tão pouco amado. Com lágrimas nos olhos, ele me dizia que, mesmo me amando muito, mesmo reconhecendo as muitas virtudes que eu tinha em todas as outras áreas da vida, ele estava cansado de sofrer, de ser machucado pelos mesmos comportamentos de desrespeito e desonra ao longo dos nossos anos de casamento. Disse, por fim, que tinha deixado de acreditar que podíamos ser felizes juntos e que, por esse motivo, mesmo com muita dor, estava decidido pelo divórcio.

Naquele momento, confesso que pensei que ele estivesse ficando louco. Como assim estava desistindo do nosso casamento? Da nossa família? Da nossa empresa, já que somos sócios? Como estava abrindo mão de mim, logo eu, que me achava uma mulher tão incrível e maravilhosa? Aquilo me parecia totalmente insano. Achava aquela decisão um grande exagero e drama. E por que eu pensava isso? Porque não tinha nenhuma ideia de quem era a mulher péssima e cruel que ele estava descrevendo. Repetia para mim mesma e para ele: "Mas não sou assim! Eu não sou essa mulher! Não faço essas coisas que você está afirmando que eu faço!".

A verdade é que eu não me via de maneira alguma como ele estava descrevendo, e essa é exatamente a primeira grande chave do processo de transformação que vamos viver juntos neste livro. A inconsciência sobre os meus comportamentos, a minha forma de tratar as pessoas, as minhas palavras, os meus pecados e os erros repetidos ao longo dos anos eram invisíveis para mim. Eu não enxergava quem eu vinha sendo como esposa e como mulher. E foi nesse lugar de dor e profunda falta de entendimento de quem eu vinha sendo que começou a grande jornada, na qual permaneço todos os dias até hoje e que gerou uma grande virada na minha vida, conectando-me a um lindo e poderoso propósito.

Este livro só está em suas mãos porque recebi uma ordem para me humilhar, falar dos meus erros, alinhar as emoções, restaurar a minha identidade e viver como uma mulher de valor. Recebi a ordem de conduzir outras pessoas por essa mesma jornada de transformação, e resolvi obedecer a ela todos os dias da minha vida, sejam bons ou ruins.

Voltando, portanto, ao marco zero da jornada, você pode estar se perguntando: "Por que a Camila não reconhecia em si os comportamentos que o Paulo dizia que o machucavam?". A verdade é que eu negava os feedbacks do Paulo porque havia me convencido de que era perfeita. Havia repetido para mim mesma que, como uma mulher perfeita, precisava proteger o meu ego e a imagem que havia lutado a vida inteira para conquistar diante de todos. Muitas vezes, pedi perdão da boca para fora só para encerrar o assunto. Neguei os meus erros e jurei por tudo e por todos que não era daquele modo que acontecia, empilhando mais e mais pecados sobre a minha vida; pois, se não bastasse o erro, adicionava a mentira de jurar falsamente.

Outra reflexão que também pode estar surgindo é: "Por que a Camila não aprendeu e mudou logo no começo dos sinais de problemas do casamento? Por que precisou chegar à beira do divórcio para buscar ajuda e decidir que precisava de transformação?". A resposta correta é: Eu era cega! Completamente cega e totalmente inconsciente dos comportamentos e das motivações do meu coração.

A primeira resposta que busquei, 48 horas depois do pedido de divórcio, quando procurei ajuda pela primeira vez na minha vida para resolver aquela situação de dor e ameaça, foi da Margô Rahhal, a minha coach. Sentada na frente dela, eu disse: "Pelo amor de Deus, preciso de ajuda para descobrir que mulher é essa que me tornei. Que mulher é essa que o Paulo vê em mim e não enxergo? Que mulher é essa que está destruindo a própria casa, família, casamento e a vida com as mãos? Me ajude a descobrir quem eu me tornei para que eu possa mudar".

Assim como estamos no marco zero deste livro, esse foi o dia zero da minha jornada. Será também o ponto de partida da sua jornada durante a leitura deste livro, que trará novos e incríveis frutos em todas as áreas da sua vida. Só quando entendemos que tudo na nossa vida é colheita, entendemos também que, se existe hoje, em alguma área, colheita de dor, dificuldade, confusão, tristeza, falta de paz, falta de alegria, filhos com problemas, desconectados, infelizes e rebeldes, é porque essas sementes foram plantadas. Se existe casamento infeliz, ameaça de divórcio, frustração profissional, dificuldade financeira, corpo fora de forma, acima do peso, abaixo do peso, saúde frágil, se existe falta de perseverança, procrastinação, autossabotagem e outras disfunções, tudo isso é colheita, e a única maneira de mudá-la é mudar as sementes plantadas na nossa vida.

Desse modo, para começar a minha jornada de transformação, precisei parar de negar, precisei reconhecer e lembrar que de Deus não se zomba. Eu era a única responsável pelo que estava vivendo e precisava enxergar a mulher que tinha me tornado. Era o primeiro passo a ser dado na mudança do meu caráter. "Mas qual é esse primeiro passo, Camila?" É lembrar-se do que está escrito na Bíblia.

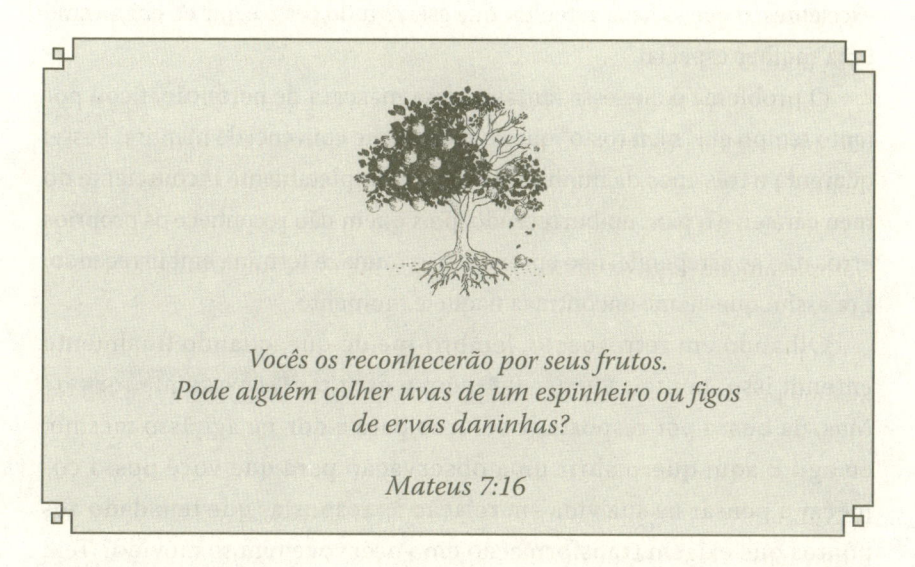

Vocês os reconhecerão por seus frutos.
Pode alguém colher uvas de um espinheiro ou figos
de ervas daninhas?

Mateus 7:16

Então havia chegado a hora da verdade! O momento de me despir da máscara da mulher perfeita, autossuficiente e boazinha. Aquela mulher que, quando ainda era uma menina de 12 anos, jurou, cheia de mágoa no coração, que nunca mais seria criticada e humilhada pelo seu desempenho, e por isso passou a vida inteira sustentando essa promessa. Levou a promessa tão a sério, que a manteve mesmo que precisasse mentir, manipular, negar os seus erros e exagerar os seus bons feitos. A realidade é que valia quase tudo para que eu escondesse as minhas fraquezas, os meus defeitos e pecados. Virei uma mulher que se vestiu com uma fantasia de perfeição para mostrar a todos que era muito inteligente, responsável, trabalhadora, honesta e santa, atraindo, assim, elogios e olhares de admiração que faziam com que eu me sentisse aprovada e amada.

Era uma máscara dura, forte e resistente que usei dos meus 12 anos até pouco tempo atrás, a fim de vender para as pessoas ao meu redor que eu tinha valor – um valor que nem eu mesma acreditava ter – para fugir das críticas e da rejeição. Importante dizer que essa estratégia, durante muito tempo, parecia estar funcionando. À minha volta, a maioria absoluta das pessoas parecia sentir admiração por mim e me querer por perto, pois os resultados que eu tinha em praticamente todas as áreas da vida eram excelentes, o que as fazia acreditar que estava tudo certo e que eu era mesmo uma mulher especial.

O problema é que essa fantasia, essa máscara de perfeição, ficou por tanto tempo em "meu rosto" que eu mesma me convenci da mentira. Passei quarenta e três anos da minha vida cega. Completamente inconsciente do meu caráter, e o pior: emburrecendo, pois quem não reconhece os próprios erros não se arrepende, não aprende, não muda, e termina emburrecendo. Era assim que eu me encontrava naquele momento.

Olhando em retrospecto, lembro-me de que, quando finalmente entendi isso, pensei: Socorro! Quem é essa mulher que me tornei? Mas, na busca por respostas e solução para a dor, eu agi. Isso mesmo, eu agi! E aqui quero abrir uma observação para que você possa começar a pensar na sua vida em relação às respostas que tem dado aos pontos que exigem transformação em você: você tem se movido? Tem levantado a mão e pedido socorro? Tem buscado entender em quais momentos ou comportamentos se perdeu, para que possa ajustar a rota? Ou será que tem estado agarrado às suas verdades e convicções, lutando para sustentar a imagem de alguém incrível que nunca erra, responsabilizando o mundo e as outras pessoas pelas suas dores? Responda com sinceridade, como você tem reagido diante das suas colheitas em todas as áreas da vida? No casamento, nos resultados financeiros e profissionais e na saúde, você tem agido para aprender e mudar, ou será que tem emburrecido como eu, durante a maior parte da minha vida, até agosto de 2017?

Imagine se eu tivesse escolhido permanecer defendendo a minha "perfeição", negando os erros e as falhas. Imagine se eu não tivesse decidido viver um processo para entender tudo o que estava destruindo a vida feliz que eu queria viver. Certamente este livro não estaria em suas mãos, e eu não estaria vivendo tudo o que vivo hoje. Ainda vamos falar muito mais nesta jornada sobre narrativas, escolhas e respostas certas e erradas ao que acontece conosco; mas, por ora, só quero que entenda, com amor, que as suas respostas ao que tem acontecido definirão os próximos capítulos da sua história e da história da vida de quem você ama.

Então, pense: de verdade, quais têm sido as suas respostas em relação ao que acontece? A partir de agora, vamos considerar que as sementes que temos semeado são os nossos pensamentos, as nossas palavras, os nossos sentimentos e, por fim, todos os nossos comportamentos. Ou seja, tudo aquilo que fazemos é parte da semeadura, e temos vivido, em cada área da nossa vida, a colheita do que semeamos. Ao entendermos esse princípio divino, nós nos libertaremos para mudar o que quisermos em nossa trajetória.

Sendo assim, o próximo passo é apresentar a você algo poderoso que mudará tudo: a consciência. Parece básico e simples, mas a consciência plena sobre quem temos sido de verdade, sobre o que temos pensado, falado e sentido, bem como a clareza profunda das motivações do nosso coração, são a base da nossa jornada rumo a uma vida de novos e bons frutos. Sem consciência jamais mudaremos as sementes, e assim jamais teremos novos resultados e uma nova história.

Identificação das sementes que estão gerando os frutos colhidos

Para dar o primeiro grande passo na jornada de transformação, com muita verdade, coragem e humildade, ativando o botão da consciência em sua mente, circule a seguir todos os comportamentos que você tem hoje em sua vida, ou seja, identifique quais sementes tem lançado em seu solo.

SEMENTES

- Ciúme
- Ansiedade
- Grosseria
- Impaciência
- Vitimização
- Vício em fazer (aceleração)
- Preguiça
- Crítica
- Medos
- Arrogância e prepotência
- Culpa
- Sentimento de inferioridade
- Dificuldade em comunicar amor
- Dificuldade em honrar e respeitar
- Insegurança
- Desconfiança em excesso
- Competição em excesso
- Hiperperfeccionismo
- Raiva/fúria
- Falta de perdão
- Dificuldade em pedir perdão
- Dificuldade em reconhecer os próprios erros
- Vício em trabalho
- Vício em álcool
- Vício em drogas
- Vício em televisão
- Vício em redes sociais
- Vício em compras
- Vício em medicamentos
- Adultério
- Pornografia
- Cigarro
- Descontrole financeiro
- Procrastinação
- Mentira
- Exagero e manipulação

Após finalizar, peço que reflita: existem outros pontos dos quais você se recorda e que gostaria de trazer aqui? Escreva-os a seguir.

_____
_____
_____
_____
_____
_____
_____
_____
_____
_____
_____
_____
_____
_____
_____
_____

[...] De Deus não se zomba.
Pois o que o homem semear, isso também colherá.

Gálatas 6:7

Se você foi sincero e verdadeiro no exercício anterior, deu um passo muito importante na construção da vida plena, abundante e livre que você e os seus merecem viver. Você já não é mais cego! Agora os seus olhos podem ver aquilo que vinha fazendo de modo inconsciente, ou no piloto automático, e que tem gerado maus frutos, prejuízos e dores na sua vida.

A verdade dói – e como dói! –, eu sei. Essa é a mais pura realidade. Porém ela é o único caminho que existe para sermos transformados, curados, libertados e podermos construir uma nova e feliz história em nossas vidas. Como sei o quanto é desconfortável esse confronto com a verdade sobre quem vínhamos sendo, e para fazer surgir a esperança, quero compartilhar como foi difícil me livrar das máscaras de mulher perfeita, autossuficiente e independente, e, sobretudo, da máscara da mulher muito boazinha e santa.

Assim como está sendo em seu processo, o meu primeiro passo foi ter que colocar luz sobre todos os meus maus comportamentos. Imagine você que, desde os meus 12 anos, lutei todos os dias da minha vida para esconder os erros, as fraquezas e os pecados que havia dentro de mim. Afinal de contas, tinha um juramento para sustentar diante de todos, inclusive diante de mim mesma. Mas, de repente, vi-me aos 43 anos com um pedido de divórcio à minha espera, com a perspectiva de que a minha família e todos os meus sonhos seriam perdidos se eu não revertesse a situação a qualquer custo.

Atravessei o Brasil para buscar ajuda emocional. Uma das primeiras perguntas que a minha coach me fez foi: "Quais foram os seus comportamentos que machucaram o seu marido? O que você fez que o feriu tanto, a ponto de ele querer desistir?". Hoje, ao relembrar as primeiras perguntas que ela me fez, vejo quanto as minhas respostas foram mentirosas e superficiais. Meu Deus! Quanto orgulho, quanta vaidade, quanta mentira, quanto desespero senti ao expor os meus erros e pecados. Agora percebo que não consegui. E por que não? Escondi tanto esses erros, neguei por tantos anos, que até eu me convenci de que não eram tão graves assim.

Ainda hoje, eu me emociono ao reviver o sentimento de desespero que senti e a confusão que existia em minha mente. Queria falar a verdade sobre meus erros e pecados, mas não conseguia. Falava meias verdades e, quando via quão feio e vergonhoso era o que estava confessando, imediatamente tentava justificar, explicando por que fazia o que fazia e tentando minimizar os erros. Uma genuína loucura!

Não sei se você já viveu algo parecido, mas, diante daquele confronto entre as mentiras que sustentei a vida toda e a verdade que precisava acessar para ser transformada e salvar o meu casamento, eu me sentia sendo esticada... Ou melhor: esmagada. A cada luz lançada em uma verdade sobre a minha vida, vinha uma dor profunda que rasgava o meu peito. Era uma dor que misturava a vergonha de me expor a outras pessoas e o orgulho de tentar preservar um pouco da mulher quase perfeita que me levou até ali com sucesso em muitas áreas.

Lembro-me de que, em alguns momentos, chorava com o coração cheio de remorso – perceba que o remorso é completamente diferente do arrependimento, mas ensinarei isso mais adiante. Queria sair correndo e sumir. Era uma dor visceral olhar pela primeira vez para mim mesma sem as máscaras usadas a vida inteira. Não aguentava o que estava vendo. Era muito vergonhoso reconhecer as minhas mentiras e manipulações, bem como a maneira desrespeitosa com que algumas vezes – aliás, muitas vezes – eu tinha tratado o meu esposo. A grosseria e a impaciência, o pouco afeto e o pouco sexo, a aceleração durante o meu dia, sempre presa à lista sem fim de coisas a fazer, a falta de submissão e acordo em várias circunstâncias da vida – como na mesa de amigos, em reuniões com funcionários na empresa, com os filhos etc. – e muitos outros comportamentos desprezíveis.

É... de Deus não se zomba. A colheita dos frutos estava ali. Descobri na prática que, no processo de plantação de sementes, aquilo que semeasse seria o que mudaria em minha vida. Sou a única responsável por decidir plantar sementes diferentes a qualquer momento da minha vida. A colheita, entretanto, é inegociável. Ela acontece. Uma vez plantada, terei que colher. E eu estava colhendo.

Veja, este livro não é sobre a minha vida, e muito menos para ela. Este livro tem como missão impactar a sua vida e conduzir você por uma jornada poderosa de transformação para que colha os mais lindos e poderosos frutos no seu casamento, na sua carreira, com os seus pais e irmãos. Com a nova colheita, seus filhos serão fortes, felizes e blindados das coisas ruins do mundo, você experimentará uma vida de abundância financeira, seu relacionamento com Deus será lindo e você viverá uma vida de propósito. E mais: seu corpo será amado e bem cuidado; suas emoções, alinhadas; e seu coração, sensível. Servir ao próximo será a sua rotina e um estilo de vida.

Minha missão é apresentar uma vida plena e cheia de novos frutos em todas as áreas. Para isso se tornar real, contudo, é necessário dar mais um passo com coragem e verdade. É preciso olhar as consequências mais graves, o que é urgente e está acontecendo neste exato momento. No meu caso, foi um pedido de divórcio. E na sua vida? O que está acontecendo que está prestes a explodir e você não tem enxergado? Ou quem sabe você até reconheça, sofra, chore. Talvez peça a Deus que Ele faça um milagre, mas até hoje não assumiu a responsabilidade pela situação. Qual pode ser o problema pelo qual, até hoje, você se justificou, para o qual tentou encontrar uma explicação possivelmente fora de si e então seguiu responsabilizando outras pessoas, mas nada fez para mudar os resultados ruins? Ei! É tudo colheita. De Deus não se zomba.

Antes de examinar como está a sua vida hoje, chamo atenção para o que está escrito no livro de Romanos.

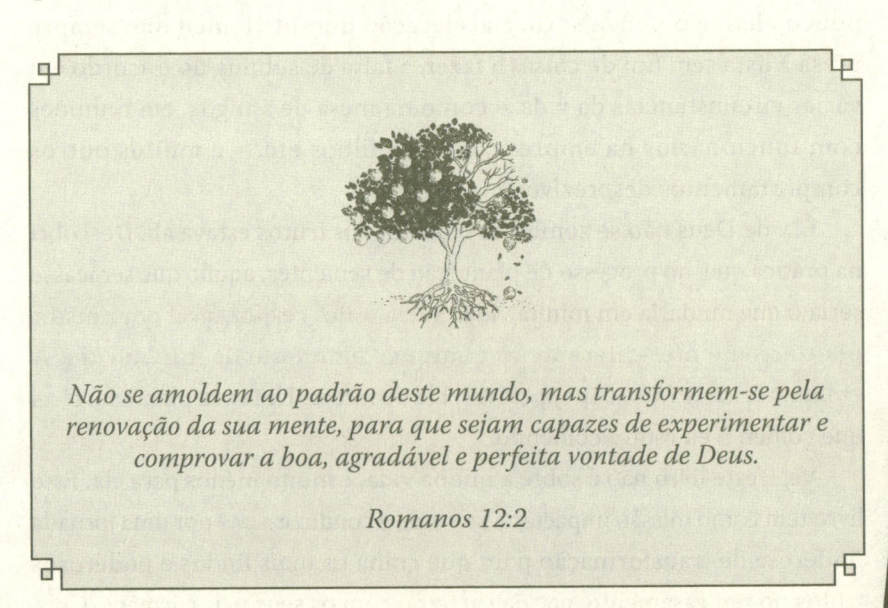

Não se amoldem ao padrão deste mundo, mas transformem-se pela renovação da sua mente, para que sejam capazes de experimentar e comprovar a boa, agradável e perfeita vontade de Deus.

Romanos 12:2

Tudo na vida é colheita.
Se existe dor, dificuldade,
confusão, tristeza, falta
de paz, falta de alegria,
filhos com problemas,
desconectados, infelizes
e rebeldes, é porque
essas sementes
foram plantadas.

NOVOS FRUTOS

@camilavieira

Todos os dias, entendo e aprendo que não fui criada por Deus para viver um casamento cheio de dores e feridas. Essa não é a vontade Dele para mim, muito menos para o Paulo. Preciso não me amoldar, não me conformar ou me acostumar, tampouco aceitar como normal um casamento infeliz e disfuncional; em contrapartida, preciso renovar a minha mente para viver a vontade boa, perfeita e agradável de Deus para o meu casamento. Enquanto não acessar o que Ele preparou de mais lindo e abundante para o casamento, preciso me manter na jornada de transformação e renovação da minha mente.

Isso vale para você. É necessário entender que nasceu para ter uma vida plena e abundante; que existem promessas sobre a sua vida; que você não empurrará mais com a barriga ou jogará para debaixo do tapete as coisas que estão quebradas, faltando e fora do lugar. Saiba que você não pode se acostumar e deve lembrar-se de que toda dor que existe hoje é apenas uma colheita das sementes erradas que você tem semeado até aqui. Então eu convido você, agora, a escrever nas linhas da próxima página quais prejuízos tem colhido em cada área, a partir das sementes que reconheceu no exercício anterior.

Sugiro, também, que volte à página 30, leia novamente todas as sementes que marcou e retorne para responder esta etapa do processo. Quanto mais específico e verdadeiro você for em reconhecer as suas colheitas – os frutos ruins que a sua vida tem gerado –, mais rápido será o processo de construção de uma nova história e mais rapidamente a sua vida se encherá de novos frutos.

Então reflita com coragem, verdade e humildade: Qual é a sua colheita hoje? Quais frutos ruins você tem tido em cada área descrita a seguir? Quais resultados negativos geram tristeza, medo, insegurança, frustração e culpa em sua trajetória?

| Frutos

1. Relacionamento conjugal

_____

_____

_____

2. Relacionamento com os filhos

_____

_____

_____

3. Relacionamento com os pais e irmãos

_____

_____

_____

4. Vida social

_____

_____

_____

5. Saúde física

_____

_____

_____

6. Servir ao próximo

_____

_____

_____

7. Vida financeira

_____

_____

_____

8. Vida profissional

_____

_____

_____

9. Saúde emocional

_____

_____

_____

10. Vida espiritual

_____

_____

_____

11. Vida intelectual

_____

_____

_____

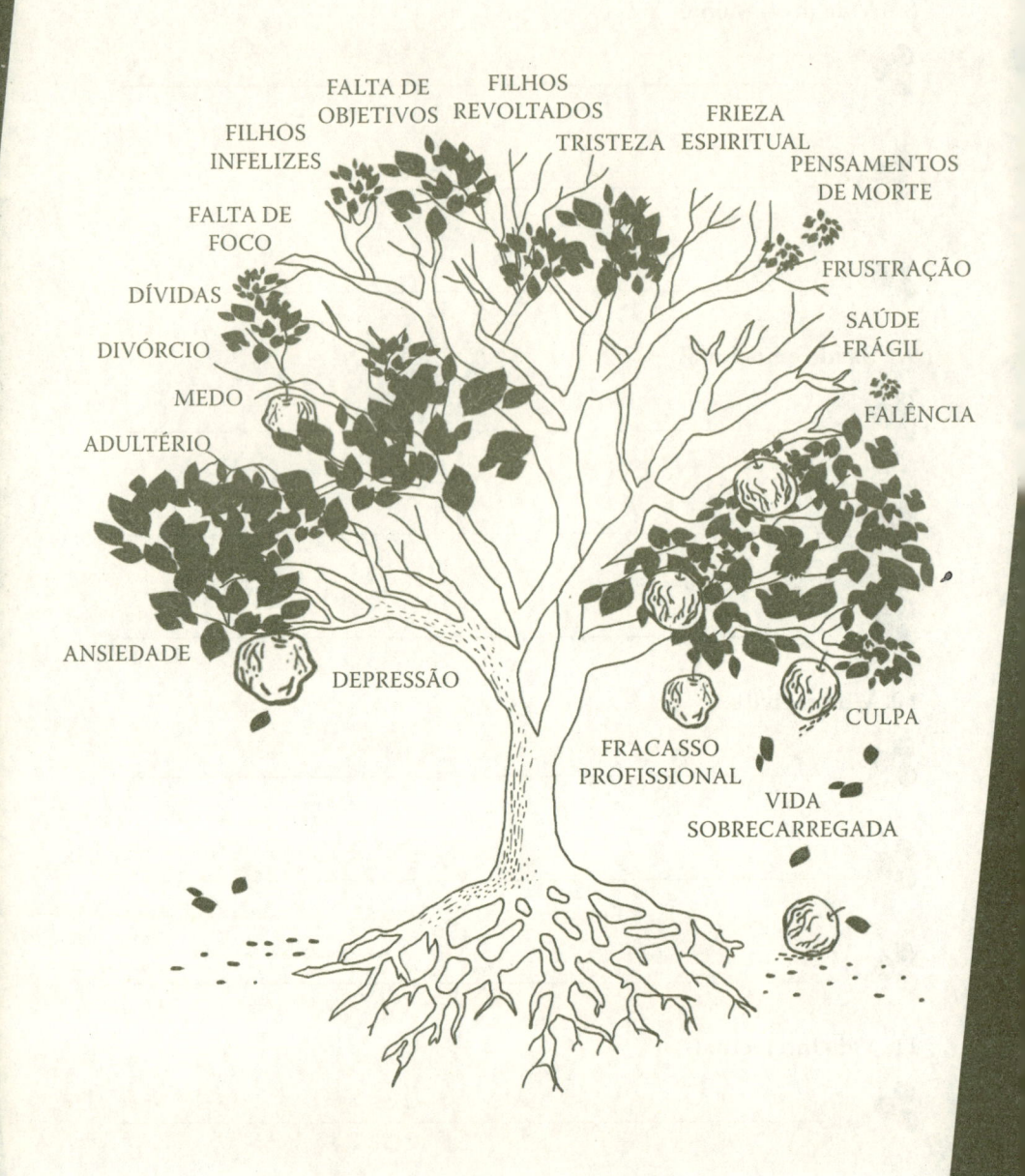

Poderia uma árvore boa dar frutos ruins?
Ou uma árvore ruim dar bons frutos?

A consciência plena sobre quem temos sido, o que temos pensado, falado e sentido, bem como a clareza profunda das motivações do nosso coração, são a base da jornada rumo a uma vida de novos e bons frutos.

NOVOS FRUTOS

@camilavieira

Após finalizar o exercício, qual é o seu sentimento ao olhar para a sua colheita? Compartilhei com você o quanto foi difícil e doloroso para mim admitir e reconhecer que a dor que eu, meu esposo e meus filhos estávamos vivendo era responsabilidade minha – era o resultado da minha colheita. Por mais que as crianças não soubessem abertamente o que estava sendo conversado sobre divórcio entre nós, elas percebiam tudo e viam que algo estava errado, notavam a nossa dor e sofriam com isso. Não se engane: as suas crianças também percebem tudo o que você tem vivido, independentemente da área em que esteja a sua luta. Elas estão vendo e sentindo. E saber que as pessoas que mais amamos estão sofrendo as consequências dos nossos erros é difícil.

Foi doloroso demais me deparar com os meus piores comportamentos, não poder mais esconder os meus pecados e admitir que eu estava simplesmente colhendo aquilo que havia plantado. Mas não podia ficar presa naquele lugar de dor, assim como você não pode permanecer no lugar de dor em que está agora. A consciência serve para nos libertar, e não para nos manter aprisionados. A verdade sobre quem vínhamos sendo é a chave número um de acesso à vida de novos frutos; mas, para usarmos essa chave que abre a porta da transformação, precisamos nos livrar de um vilão necessário que vem acompanhado da consciência: a culpa. A culpa é a única que pode nos aprisionar no lugar da dor e da frustração e nos manter em ciclos infinitos de comportamentos de autossabotagem, aumentando, assim, dia após dia, a dor.

E por que chamo a culpa de "vilão necessário"? Muitas vezes, ela serve para nos levar ao arrependimento sincero. Preciso sentir a culpa, preciso sentir o peso dos prejuízos que tenho causado na minha vida e na vida das pessoas que amo e me amam. Devo sentir a dor dessas pessoas a fim de gerar em mim a força e a energia necessárias para mudar. Sem passar pela culpa, não vivo o pleno arrependimento. Então, apenas quando reconheço de verdade os prejuízos, e me arrependo de todo o coração, sou capaz de suportar a jornada para mudar os comportamentos.

É importante, contudo, entender a diferença entre o <mark>remorso</mark> e o <mark>arrependimento.</mark> O remorso acontece quando sinto o prejuízo do meu erro. Eu até choro, busco ajuda, peço a Deus um milagre, mas estou sendo guiada apenas pelo desejo de um remédio que diminua ou solucione a minha dor. Almejo algo que resolva uma situação que não está como eu queria. Quando existe apenas o remorso, no momento em que as coisas parecem ter sido resolvidas eu volto aos velhos hábitos e comportamentos.

O arrependimento, por outro lado, leva a um lugar de completo entendimento dos meus erros e prejuízos e a um desejo ardente no meu coração de não ser mais a mesma pessoa e não viver mais as mesmas dores. O arrependimento leva a viver a jornada; a não parar no meio do caminho; a permanecer em busca da melhor versão e dos projetos de futuro – mesmo quando as coisas voltarem a estar em ordem. Em resumo, <mark>o arrependimento leva à mudança de caráter.</mark>

Então, se neste momento o seu coração está apertado diante das evidências que dizem que tudo o que existe hoje de disfuncional na sua vida é sua responsabilidade, e os frutos ruins são resultados das sementes ruins que você vem plantando dia após dia, celebre! Celebre essa dor e essa culpa, pois elas impulsionarão você a viver o pleno arrependimento e seguir em direção aos melhores resultados da sua vida até agora.

Quero parabenizar você pelo primeiro e fundamental passo da sua jornada. Você já não é mais a mesma pessoa que abriu este livro. Você agora sabe que tudo é colheita, sabe em quais momentos "caiu", e seguirá firme para transformar tudo o que precisa de mudança na sua vida e se habilitar para viver o plano original de Deus. Eu seguirei firme, também, segurando a sua mão.

Finalize estas páginas com o coração cheio de certeza de que essa consciência é o que o libertará. Você já é uma pessoa diferente a partir do que aprendeu, alguém mais capacitado para uma vida feliz e abundante.

Agora você sabe que todas as coisas boas que vive na sua vida são os bons frutos, a boa colheita de tudo o que era correto, justo, sábio e verdadeiro nas suas ações até aqui. Da mesma forma, todas as dores e problemas que

existem na sua vida são colheita, são frutos doentes e podres dos seus maus comportamentos, pensamentos e palavras. Saber disso o torna livre e poderoso para caminhar nos próximos capítulos da sua vida, escrevendo uma história cheia de novos e bons frutos.

Não se deixem enganar: de Deus não se zomba. Pois o que o homem semear, isso também colherá.

Gálatas 6:7

NOVOS FRUTOS

@camilavieira

| SEMEANDO

"Não se deixem enganar: de Deus não se zomba.
Pois o que o homem semear, isso também colherá."
– Gálatas 6:7

O ponto inicial de toda a transformação humana sempre será a consciência: a nossa capacidade de olhar para os resultados que estamos tendo em nossa vida, com muita verdade e humildade, e reconhecer que eles são apenas colheita e revelam claramente o que semeamos. A definição de autorresponsabilidade diz que cada um de nós tem a vida que merece, e que não somos capazes de mudar ninguém além de nós mesmos.

Assim, são sementes tudo o que sai de nossa boca, nossos pensamentos, nossos sentimentos e, principalmente, as atitudes que temos. Ao olhar para o seu relacionamento amoroso hoje, você verá o fruto das suas ações, palavras, sentimentos e pensamentos sobre o seu cônjuge. Da mesma forma, a qualidade das suas sementes determina a sua vida financeira, a sua saúde, o seu relacionamento com os filhos e os pais e até mesmo o seu nível de fé e conexão com Deus.

A lei da semeadura é soberana e nós sempre comeremos do fruto que semeamos.

Reflita

O orgulho é o maior inimigo da vida que você deseja viver. Ele tenta convencer você de que é vítima das pessoas e das circunstâncias e, por isso, os seus resultados não estão nas suas mãos. Mas a Palavra de Deus diz que tudo o que plantamos, colhemos, e que a vontade Dele para a nossa vida é boa, perfeita e agradável.

Esse é o meu convite para você no primeiro passo dessa jornada: calar o orgulho, trazer consciência e autorresponsabilidade para os seus resultados hoje.

Ações para colocar em prática

A verdade é que não existe mudança sem consciência. Você precisa olhar para as suas atitudes até aqui, com coragem e humildade, e responder às seguintes perguntas.

1. Quais frutos ruins você tem colhido em sua vida hoje? Como estão as suas finanças, a sua saúde, os seus relacionamentos, o seu relacionamento com Deus, a sua carreira profissional e as suas emoções? Escreva os prejuízos e em qual área da sua vida eles existem.

2. Olhando para os resultados que não estão como você gostaria, em quais você falhou? Quais sementes erradas semeou em cada área para colher hoje um resultado diferente do desejado por você?

3. Qual decisão você toma diante da compreensão de que tudo o que você vive hoje é colheita?

Eu creio em Jeremias 29:11 quando ele diz: "'Porque sou eu que conheço os planos que tenho para vocês', diz o Senhor, 'planos de fazê-los prosperar e não de lhes causar dano, planos de dar-lhes esperança e um futuro'". Eu também creio que, para experimentarmos os planos de Deus para a nossa vida, precisamos ser sábios, fazendo mais escolhas certas do que escolhas erradas. Os sábios lançam as sementes perfeitas para produzir a vida de que querem usufruir.

Oração

Meu Senhor e Pai, venho hoje reconhecer a Tua bondade e a Tua misericórdia com a minha vida até aqui. Pai, quero pedir perdão por todos os meus erros, por meio de palavras, pensamentos, sentimentos e atitudes que trouxeram dor para a minha vida, para os que me amam e que entristeceram o Teu coração.

Senhor, me ajude a enxergar, com verdade e humildade, todos os meus erros, sem explicações e justificativas, para que eu chegue ao pleno arrependimento e a uma mudança completa de comportamento que me levará à vida que um dia o Senhor sonhou para mim.

Eu preciso de Ti, Espírito Santo de Deus, para me trazer consciência a cada momento da minha vida sobre onde estou errando. Dá-me discernimento para identificar as áreas que preciso mudar, coragem para romper com padrões que não edificam, e força para seguir firme no propósito que Tu estabeleceste para mim. Que eu tenha sabedoria para escolher as melhores sementes, paciência para cultivá-las com dedicação e fé inabalável para confiar na Tua promessa, mesmo quando os frutos ainda não forem visíveis.

Que a minha vida seja um testemunho do Teu poder transformador, e que, por meio da minha jornada, eu possa inspirar outros a também semearem o bem, crendo que, no tempo certo, a colheita virá. Amém.

Faça parte de algo maior: torne-se um semeador!

O Projeto Semeadores da Plenitude nasceu de um desejo profundo que Deus colocou no meu coração: ver pessoas sendo transformadas enquanto levam essa transformação para outros. Inspirado no meu devocional *Plenitude*, esse movimento já alcançou milhares de pessoas ao redor do mundo, conectando corações dispostos a semear mudança e colher novos frutos.

Agora, quero convidar você a fazer parte disso! Quando você se torna um semeador, compartilha a Palavra de Deus e impacta vidas, mas também cresce, amadurece e experimenta uma transformação profunda na própria caminhada. É uma jornada de fé, amor e propósito, em que cada encontro, seja presencial ou on-line, se torna um solo fértil para milagres acontecerem.

O mundo já está sendo transformado por essa rede de semeadores e semeadoras, e eu quero você comigo nessa missão! Escaneie o QR code e junte-se a nós. Vamos semear juntos e gerar uma nova colheita para a nossa vida!

febra.site/videocamila02

Você é o único responsável por decidir plantar sementes diferentes a qualquer momento da vida. A colheita é inegociável.

NOVOS FRUTOS

@camilavieira

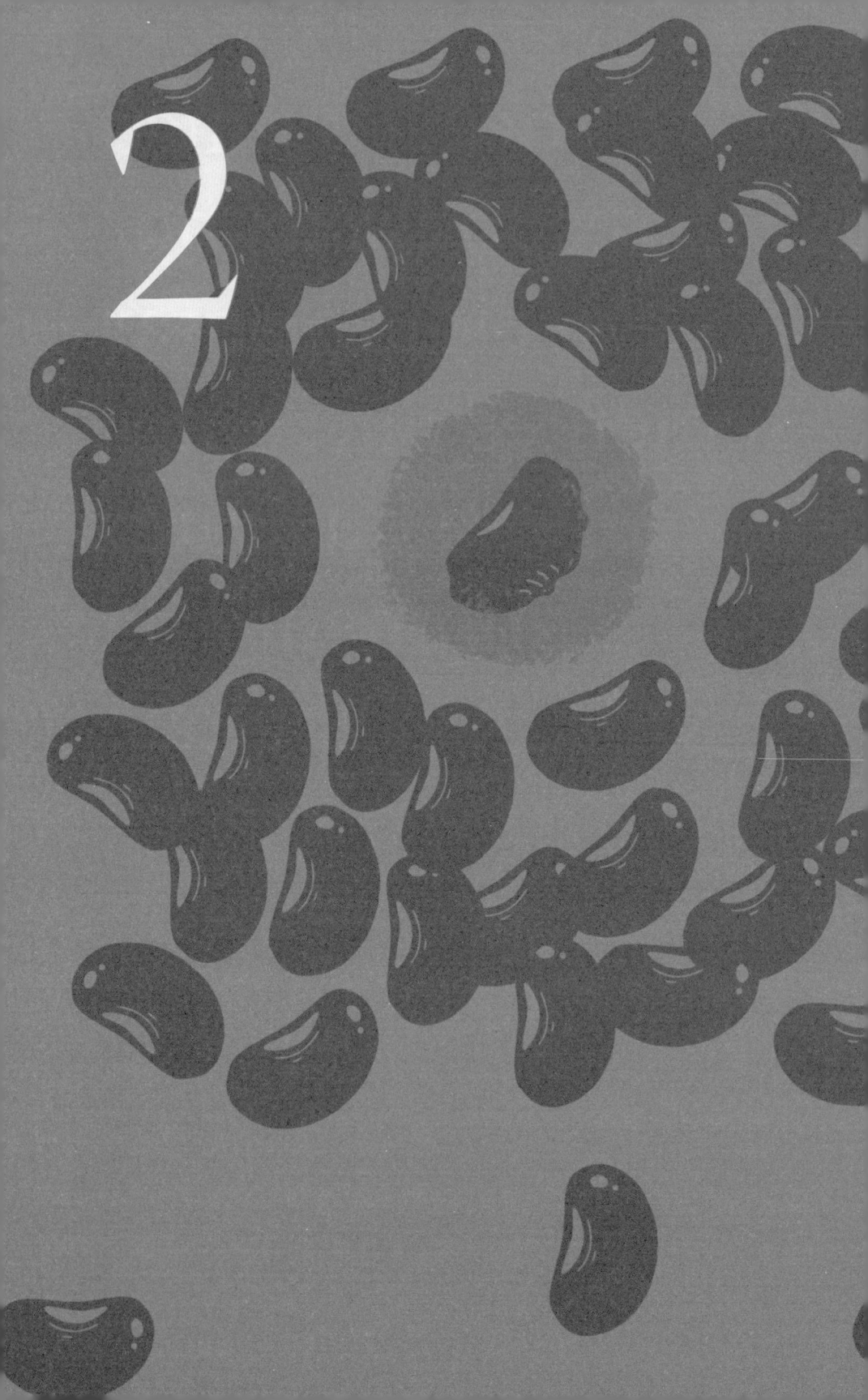

2

QUAL ÁRVORE VOCÊ DECIDE SE TORNAR?

Poderia uma árvore boa dar frutos ruins? E uma árvore ruim, ela poderia dar bons frutos? Comentei isso anteriormente, e aqui vamos discorrer mais sobre o assunto.

Na natureza, para cada fruto que desejamos colher no futuro, selecionamos uma semente específica a ser plantada. Nós não colhemos mangas doces e suculentas de um coqueiro, nem podemos colher maçãs vermelhas e saborosas de um parreiral de uvas.

Saber qual colheita queremos para a nossa vida, ou seja, o que almejamos obter de novos e bons resultados em todas as áreas, é o primeiro passo para selecionar as novas sementes que precisamos plantar, nutrir e proteger até que os frutos nasçam. Já aprendemos que é pelos frutos que conhecemos a árvore.

Agora é preciso pensar que apenas quando temos clareza dos frutos que queremos colher em nosso casamento, em nossa carreira, como pais de nossos filhos, em nossa saúde e na relação que decidimos ter com Deus é que seremos capazes de escolher e selecionar para cada área as sementes que produzirão esses frutos, isto é, esses resultados. Só quando pensarmos sobre o modo como queremos nos relacionar e honrar os nossos pais e irmãos, o impacto que desejamos gerar na vida de pessoas mais necessitadas, quais serão as pessoas com quem nos relacionaremos e o propósito que viveremos em nossa vida é que saberemos o caminho a tomar.

Lembre-se de que sementes são tudo aquilo que penso, falo, sinto e faço. A colheita que temos feito até aqui denuncia o nosso caráter. Não sou quem eu tento convencer as pessoas de que sou. Não sou as máscaras que uso todos os dias para fugir da crítica e da rejeição, muito menos aquilo que falo para outras pessoas que sou. Eu e você somos aquilo que fazemos. Somos o que pensamos e sentimos. Nossas atitudes denunciam o nosso caráter, e os resultados obtidos são as evidências de nossos erros e acertos em escolhas diárias.

Quando pensava em mim, eu me considerava quase uma Mulher-Maravilha; afinal, essa foi a promessa que fiz para mim e para o mundo. Tive que encarar a verdade sobre mim para decidir deixar morrer a velha árvore (a velha Camila) e poder gerar uma nova, com bons frutos. Precisei de muita coragem, verdade e humildade para enxergar quem eu vinha sendo. Quando senti nojo e profunda tristeza ao reconhecer os meus comportamentos ruins e desvios de caráter, pude dar um novo destino à minha vida.

Isso aconteceu quando eu não podia mais negar o quanto vinha sendo orgulhosa, vaidosa, invulnerável; o quanto eu negociava com a verdade, ou seja, mentia para esconder os meus pequenos e grandes erros; o quanto competia com o meu marido, era impaciente e desrespeitosa em minhas palavras, com sorrisos irônicos quando não concordava ou não gostava de algo que ele falava ou fazia; o quanto eu manipulava para que a minha vontade fosse feita em todas as circunstâncias da nossa vida. Parei de negar, aceitei e reconheci que "me vendia" como uma mulher muito santa, mas fui infiel muitas vezes. Infiel porque, por muito tempo, usei roupas provocantes para chamar a atenção, ser vista e admirada. Quantas vezes pensei no que achavam de mim e busquei atrair olhares? Sem dúvida alguma, esse desvio de caráter foi a verdade mais difícil, a que eu mais relutei em admitir e confessar. A minha mente, guiada pelo orgulho, sempre encontrava uma estratégia para negar, minimizar, justificar e fingir. Logo, foi difícil tirar esses pensamentos e comportamentos da minha vida.

Para fortalecer o entendimento em seu coração, repito: por causa do orgulho que existia em mim, demorei muito para arrancar a raiz de iniquidade da minha vida, e essa foi a semente mais destruidora e que produziu mais dor e problemas no meu caminho e no dos que me amam.

Assim, diante de tudo isso que acabo de confessar a você, e lembrando que de Deus não se zomba, você agora pode entender o motivo do pedido de divórcio e de tantos anos tentando me tornar uma nova mulher. Se me descuidasse, voltaria a colher um fruto podre, uma erva daninha que causava dor e tristeza.

Veja que eu não precisava me expor desta forma para você. Poderia apenas ensinar como mudar o que você tem semeado, mostrar como mudar os seus comportamentos, palavras, pensamentos e sentimentos, e assim transformar completamente a sua vida. Mas, por entender o poder desta exposição e da minha vulnerabilidade, sei que, ao contar os detalhes dos meus erros e pecados, estou inspirando e ajudando você a olhar com verdade para a própria vida, para o caráter que tem hoje, ao mesmo tempo que identifica o que precisa ser eliminado imediatamente dos seus comportamentos.

Além disso, obedeço a uma ordem de Deus ao me expor. Nos primeiros meses da minha jornada de transformação, Ele usou uma senhora que eu não conhecia, em um evento de mulheres da igreja, para me falar o seguinte: "O Senhor me manda te dizer 'Humilha-te! Humilha-te! Humilha-te! Alinha as tuas emoções, eu te fiz como coluna, mas antes humilha-te!'".

Após ter lido até aqui e feito os exercícios do capítulo anterior com coragem, verdade e humildade, tenho certeza de que você começou a entender o que causou as dores, os problemas e as dificuldades que existem hoje na sua vida. Você agora consegue ter uma boa consciência de seus comportamentos, das sementes que tem plantado e que o estão afastando da vida abundante, plena e feliz que quer muito viver e proporcionar às pessoas que ama. Então, usando como alicerce essa consciência das velhas sementes plantadas, vamos aprender a ser estratégicos, sábios e intencionais na escolha e seleção das novas sementes.

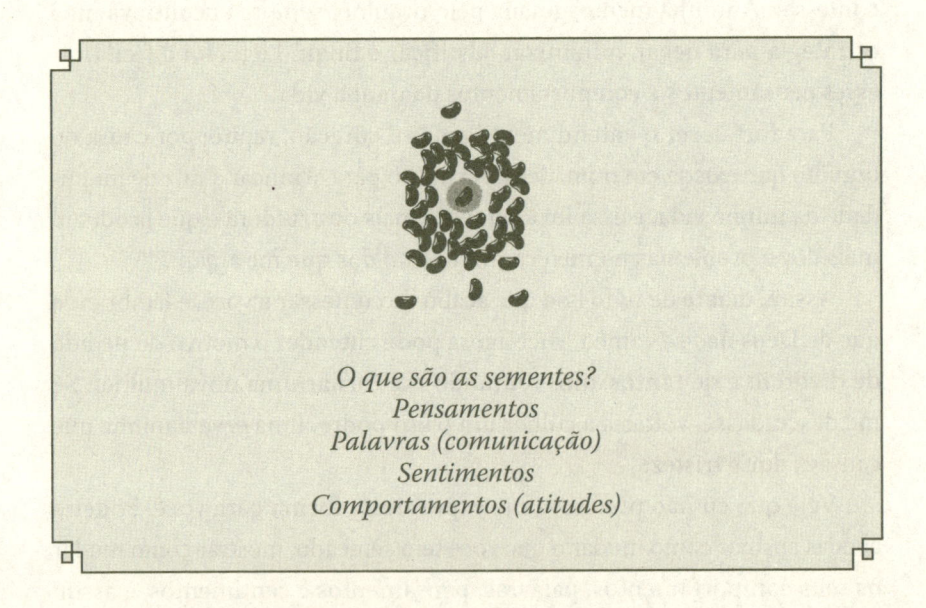

O que são as sementes?
Pensamentos
Palavras (comunicação)
Sentimentos
Comportamentos (atitudes)

É importante ressaltar que os resultados em cada área da vida estão diretamente ligados aos nossos pensamentos, palavras, sentimentos e comportamentos. Isso explica por que existem pessoas extraordinárias em seu ambiente profissional, colhendo frutos incríveis, mas debilitados e

infelizes com o próprio corpo na área da saúde, ou vivendo um profundo distanciamento de Deus. É simples entender: na carreira, essa pessoa tem uma visão clara do futuro que quer viver. Atualiza seus conhecimentos, trata as pessoas do ambiente profissional com respeito e cuidado, acompanha os efeitos dos negócios e dá o melhor de si durante a maior parte do dia. Na área da saúde, em contrapartida, tem pensamentos de preguiça; conta historinhas para se convencer de que não tem tempo para fazer atividade física; tem na ponta da língua as justificativas sobre estar acima do peso, por exemplo: "Meu metabolismo é lento e estou inchada por causa dos remédios para alergia que usei nos últimos meses". Essa mesma pessoa está sempre dizendo que precisa buscar Deus, mas só fala e não faz nada para viver essa decisão. Justifica para si que chegou do trabalho muito cansada para ler a Bíblia. Quando é convidada a ir à igreja, usa desculpas como: "Deus está em todos os lugares. Não preciso de igreja para me relacionar com Ele". E assim segue, dia após dia, sem cuidar da sua vida espiritual.

O que eu quis dizer com isso? **As nossas semeaduras são setorizadas e, para vivermos uma vida plena e feliz, bem como cumprirmos a nossa missão na Terra, não podemos ser sábios e eficientes apenas nas áreas em que temos prazer e facilidade em fazer o que é certo.**

Os meus resultados dizem quem eu tenho sido. Os seus resultados falam qual árvore você se tornou. E eu e você estamos colhendo, em cada área da nossa vida, o que temos pensado, falado, sentido e feito. Sugiro que você, neste momento, volte rapidamente ao Capítulo 1, nas páginas 37, 38 e 39, e veja o que descreveu para as suas colheitas hoje em cada área da vida, bem como os frutos que reconheceu estar semeando e que a justificam. Agora, com isso em mente, quero ensinar três fundamentos poderosos para mudar imediatamente a sua vida, transformar a qualidade das suas sementes e assim mudar todos os seus resultados.

Primeiro fundamento: visão positiva de futuro

O maior problema da humanidade, depois do orgulho, é a falta de clareza e objetividade a respeito do que se deseja viver em todas as áreas.

Existe uma ideia que diz que se você não sabe aonde quer chegar, qualquer lugar serve.[1] E, por servir ficar em qualquer lugar, vive-se no piloto automático. Um dia após o outro, persiste-se em uma rotina improdutiva e sem propósito, muitas vezes com cansaço, frustração e a impressão de que não está crescendo em nenhuma área da vida. É como se não saísse do lugar. Sinceramente: Quantas vezes você se sentiu assim? Quantas vezes se perguntou se valia a pena o que estava vivendo?

A visão positiva de futuro é o princípio-base na vida das pessoas realizadoras e produtivas, que experimentam grandes resultados. Ela é o mapa, a direção a ser seguida. É como um GPS: nos conduz para o destino desejado. Ao ter clareza do casamento que quero viver, do corpo forte, bonito e saudável que quero ter, da aplicação financeira que defini como meta para conquistar e da intimidade com Deus que sei que preciso experienciar, serei capaz de acordar todos os dias e fazer o que precisa ser feito. É a visão que nos faz acordar cedo todos os dias, buscar Deus, cuidar da saúde, trabalhar com perícia e excelência. Ela nos dá coragem e disciplina para dizer "não" às ofertas tentadoras e distrações que nos afastam dos resultados que decidimos ter em nossa vida. A visão positiva nos capacita emocionalmente para olharmos além das circunstâncias difíceis da vida, mantém a nossa fé e nos sustenta nos dias ruins.

Não é uma novidade que pessoas que têm uma visão clara e mensurável do que decidiram viver possuem um sistema imunológico forte, adoecem menos, são mais perseverantes e resilientes diante dos desafios, suportam a jornada de transformação pessoal com mais facilidade e geram os novos frutos mais rapidamente.

Em Habacuque 2:2-3, o Senhor orientou: "[...] Escreva claramente a visão em tabuinhas, para que se leia facilmente. Pois a visão aguarda um tempo designado; ela fala do fim, e não falhará. Ainda que se demore, espere-a; porque ela certamente virá e não se atrasará". Deus respondeu às perguntas que Habacuque tinha feito sobre o futuro de uma nação cujo povo estava sendo destruído e perseguido; então, Ele deu a visão do futuro e ordenou

---

[1] CARROLL, L. Alice no País das Maravilhas. Rio de Janeiro: Clássicos Zahar, 2009.

que fosse colocada no alto da torre, para que pudesse ser vista facilmente. É um princípio poderoso que nos ensina a manter a visão positiva de futuro aos nossos olhos, pois assim não nos desviaremos, não perderemos o foco, muito menos a fé no que está por vir.

Existe grande poder nessa visão. Agora você sabe a transformação que pode gerar. Então, para o próximo passo, convido-o a ser ousado e escrever uma visão extraordinária de futuro para cada área da sua vida.

Quando ministro treinamentos sobre o tema, peço que as pessoas imaginem uma vida extraordinária. Para isso, digo que elas são livres para desejar coisas incríveis, ousadas e completamente diferentes da situação que estão vivendo hoje. Reforço também que nada as impede de construir a visão extraordinária e positiva que querem para o próprio futuro. Nem os erros e pecados do passado, nem as limitações financeiras, de idade ou de saúde, tampouco as crenças de incapacidade ou não merecimento. Em um mundo onde tudo é possível, peço que elas escrevam a vida abundante e feliz que decidem viver.

Agora digo o mesmo para você. Chegou a sua vez de construir uma visão poderosa e extraordinária de futuro, a imagem potente da árvore frondosa, frutífera e valorosa que você quer se tornar. Escreva sobre a vida feliz que está decidido a construir. Para isso, cale em sua mente todo o diálogo interno de incapacidade e não merecimento. Prometo que, independentemente de quem você vinha sendo até aqui e dos resultados gerados até então, você pode – e vai – viver algo novo e extraordinário. Lembre-se! O seu passado e o seu presente não definem o futuro. A sua decisão de ser transformado e de escrever uma nova história, aliada à sua visão positiva de futuro, levará você a novos e felizes frutos em todas as áreas.

Essa ferramenta é uma das mais poderosas que eu e o Paulo, meu marido, temos usado ao longo dos últimos vinte e cinco anos. Tudo o que vivemos em nossa vida hoje vem da visão que temos construído para nosso casamento, nossos filhos, nossas empresas, nossa conexão com Deus, nossos projetos sociais e nosso patrimônio, ano após ano.

O poder da visão de futuro é neurologicamente comprovado, além de espiritual. Neurologicamente, a visão cria imagens no nosso cérebro. Como o cérebro não distingue o que é real do que estamos imaginando,

quanto mais eu me vejo tendo os novos comportamentos, entrando na casa que desejei para o meu futuro, fazendo a viagem dos sonhos com a minha família, conquistando projetos profissionais e um corpo forte e saudável, mais minha mente trabalha para que eu possa viver essa visão.

Existe muito valor na visão positiva de futuro. Todos os nossos imóveis vieram desse exercício, assim como os resultados financeiros e de alcance mundial da nossa empresa, o desenvolvimento dos nossos filhos, nossos projetos sociais, o meu peso e o percentual de gordura em meu corpo. Foi a visão de um casamento extraordinário e restaurado que me manteve posicionada e na jornada de transformação do meu caráter para me tornar a esposa que merecia um casamento feliz, mesmo nos dias em que parecia não haver conserto.

Tudo, em todas as áreas da minha vida, começou com uma visão. E ela tem me mantido no foco, dia após dia, para que as minhas sementes me tornem parecida com a mulher que Deus me fez para ser, e assim eu possa cumprir o meu propósito na Terra e usufruir das promessas Dele. São as sementes certas que me levarão a construir e viver a vida da visão.

A minha promessa para você, neste livro, é conduzi-lo pelo processo que tem mudado a minha jornada e ensinar-lhe as ferramentas e os princípios que eu tenho usado para acessar uma nova história e uma vida que vale a pena ser vivida. Uma vida abundante não diz respeito apenas aos meus interesses pessoais, mas a cumprir uma missão. Talvez você ainda não tenha clareza disso, mas você não existe por acaso. Quando Deus criou a sua vida, Ele fez você com todas as características físicas e habilidades necessárias para que pudesse cumprir o seu propósito na Terra. Mesmo que o rumo da sua trajetória, suas dores e seus desafios o tenham afastado do plano original de Deus, sempre existe um caminho de volta, e você já começou a trilhá-lo. A cada página lida deste livro e a cada exercício feito, você caminha na direção do projeto original de Deus para a sua jornada.

Então, vamos exercitar agora? Este é um momento importantíssimo em que você escreve a visão positiva de futuro para todas as áreas da sua vida. Lembre-se de que tudo pode se fazer novo, e existe uma história linda e de valor para ser construída por você.

Nas linhas a seguir (se precisar, use um caderno extra), escreva o que você decide se tornar (ser), aquilo que quer realizar em sua vida (fazer) e o que quer conquistar (ter). Seja ousado e se veja como um filho amado e herdeiro do Deus Todo-Poderoso.

Está pronto? Escolha uma música que ama (eu opto por um louvor poderoso que fala sobre o amor de Deus por mim), coloque um lindo sorriso no rosto – isso faz muita diferença durante o exercício! – e escreva, sem pressa, a vida que quer viver, os sonhos mais ousados de seu coração. Este é o primeiro passo para que você decida a árvore que quer se tornar, para que faça as primeiras escolhas que mudarão a sua vida daqui para a frente.

1. **Relacionamento conjugal**

_____
_____
_____
_____
_____
_____

2. **Relacionamento com os filhos**

_____
_____
_____
_____
_____
_____

3. **Relacionamento com os pais e irmãos**

_____
_____
_____
_____
_____
_____

4. Vida social

_____
_____
_____
_____
_____
_____

5. Saúde física

_____
_____
_____
_____
_____
_____
_____
_____

6. Servir ao próximo

_____
_____
_____
_____
_____
_____
_____

7. Vida financeira

_____
_____
_____
_____
_____
_____

8. Vida profissional

_____
_____
_____
_____
_____
_____

9. Saúde emocional

_____
_____
_____
_____
_____
_____
_____

10. Vida espiritual

_____
_____
_____
_____
_____
_____

11. Vida intelectual

_____
_____
_____
_____
_____
_____

Agora que você trouxe à memória aquilo que cria esperança e construiu a visão extraordinária da vida que está decidido a construir, o próximo passo é, sem dúvida, o mais importante. Você colocará a sua visão "em tábuas", para que todos os dias, mesmo quando passar de longe ou correndo (como disse Deus a Habacuque), possa lembrar-se dela e fazer as escolhas certas até tornar tudo real. É hora de fazer o seu Mural da Vida Extraordinária. Os passos são:

(1) Leia novamente a visão positiva de futuro que colocou anteriormente para todas as áreas. Se achar que pode melhorar algo, faça isso agora.

(2) Faça uma oração. Dentro da sua fé, apresente a Deus os desejos do seu coração. É muito importante que essa oração seja feita de modo que a sua visão fique clara para o Senhor, que é dono do querer e do realizar (Filipenses 2:13). Para inspirá-lo, a minha oração seria assim:

> *Pai, Deus Todo-Poderoso, eu sou grata por tudo o que tenho vivido até aqui, inclusive pelas dificuldades que me dão a chance de aprender e me tornar alguém melhor. Senhor, decido me tornar quem me fez para ser. Aqui estão os projetos e sonhos que são importantes e especiais para mim, e quero submetê-los ao Senhor. Não quero viver absolutamente nada que não esteja de acordo com a Sua vontade para a minha vida. Me capacite, Pai, me sustente, e permita que a minha vida agrade e cumpra o Seu propósito nesta Terra. Eu te amo, Senhor, e peço isso em nome de Jesus. Amém!*

(3) Selecione imagens na internet, em revistas ou crie usando a inteligência artificial. Elas precisam representar cada um dos seus objetivos. Quanto mais parecido for, melhor. Quanto mais semelhante à casa, ao carro, ao avião ou ao corpo que você quer ter, melhor. Coloque imagens do seu casamento feliz, da sua conexão com Deus, dos resultados incríveis dos seus projetos profissionais. Escolha uma imagem especial e que aqueça o seu coração para cada um dos objetivos descritos na sua visão da vida extraordinária.

(4) Ao terminar, organize todas as imagens em uma página tamanho A3, de modo que fiquem legíveis e com qualidade. No meu caso, uso o Power Point ou o Canva.

(5) O próximo passo é imprimir o seu Mural, lindo e colorido.

(6) Agora coloque-o em um local estratégico para que possa visualizá-lo todos os dias. Pode ser no seu closet, na porta do guarda-roupa ou na parede do banheiro – onde fizer mais sentido para você. O importante é você ver o Mural todos os dias.

(7) Uma vez por dia, antes de começar a sua rotina ou antes de dormir, olhe para o Mural. Passe individualmente por todas as imagens que representam os seus objetivos. Depois de olhar todas, escolha um objetivo específico para fazer o exercício da visualização.

(8) Para a etapa da visualização do objetivo escolhido, siga os próximos passos.

a) Olhe fixamente para a imagem com um leve sorriso no rosto. Faça isso por trinta segundos.

b) Feche os olhos e veja a imagem na sua mente por trinta segundos.

c) Em seguida, respire fundo e faça um leve movimento com a cabeça, como se fosse entrar na imagem. Ela não está mais diante de você. Você se verá dentro dela, vivendo aquela cena. Olhe, sinta o cheiro, celebre, perceba o rosto das pessoas à sua volta, o seu sentimento de ter a vida extraordinária que merece. Sinta a emoção da conquista. Comemore, chore e sorria. Quanto mais emoção você for capaz de colocar no exercício de visualização, mais real a conquista será na sua mente e, assim, mais recursos emocionais serão gerados em você para conquistar os objetivos do seu Mural.

Segundo fundamento: o poder das palavras

A partir de agora, com clareza de quem você decidiu se tornar e dos resultados que quer ter em todas as áreas da vida, eu o ensinarei a usar as palavras como ferramenta poderosa para aproximá-lo da sua visão positiva de futuro e garantir que todos os dias as suas sementes sejam corretas e estejam protegidas, até que os novos e bons frutos floresçam em sua vida.

A Bíblia fala que a nossa boca pode criar bênção, mas também pode trazer muitas maldições. O que a sua boca tem gerado na sua vida? A Bíblia também diz que prestaremos contas de todas as palavras inúteis que saíram de nós, e que tudo o que falarmos precisa produzir graça na vida das pessoas

que estão escutando. E aí, as suas palavras estão produzindo graça para quem as ouve? Palavras são sementes que lançamos na vida das pessoas que amamos, no reino espiritual e, principalmente, em nossa vida.

Com sinceridade, o que você tem falado sobre a sua trajetória? O que tem colocado para fora em relação às finanças, à saúde e à carreira profissional? São palavras de bênção ou de maldição? Que tipo de palavra tem saído da sua boca sobre o seu cônjuge? Será que saem palavras que o abençoam, incentivam e reforçam as características positivas dele, ou será que a maior parte é crítica, insatisfação, murmuração e cobrança? E para os seus filhos? Suas palavras são de amor, de esperança sobre o futuro deles, de encorajamento e incentivo? Ou será que são de acusação, cobrança e insatisfação? Elas têm reforçado os comportamentos bons ou evidenciado os comportamentos ruins de seus filhos? São ditas com mansidão, amor e sabedoria, ou são sempre ditas aos gritos e com muita impaciência?

Talvez, neste exato momento, você esteja pensando: "Camila, mas você não conhece o meu cônjuge. Já pedi mil vezes que ele fosse mais responsável e mais trabalhador, mas é acomodado, preguiçoso e gasta o dinheiro da nossa família com bebidas e jogos. Como vou elogiar uma pessoa assim? Como vou falar com paciência e amor se vivo tanta escassez financeira porque ele não é um provedor?".

Ou, quem sabe, você esteja justificando agora as palavras erradas que tem dito para o seu filho ou para as outras pessoas sobre ele; afinal de contas, ele tem sido desrespeitoso, desobediente e irresponsável com os estudos: "Como vou incentivar e elogiar um filho que age assim, Camila?".

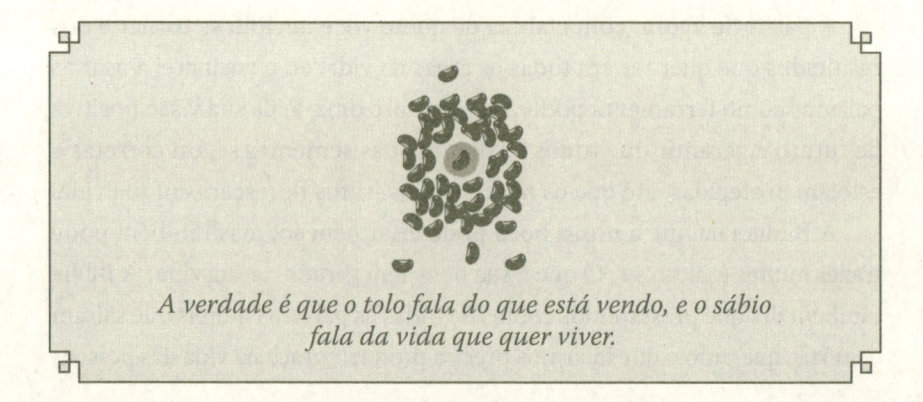

A verdade é que o tolo fala do que está vendo, e o sábio fala da vida que quer viver.

Vou contar uma história real para mostrar como agem o tolo e o sábio, ilustrando o tamanho do poder das palavras de criar e mudar realidades.

Era uma vez um jovem criado pela sua avó, Dona Maria. Esse rapaz era cheio de vícios e problemas de comportamento, sempre se envolvia em confusão e pequenos delitos. A família era muito simples financeiramente e, com muito esforço, a Dona Maria dava o seu melhor para proporcionar um bom futuro para o amado neto. O jovem, no entanto, parecia não estar muito preocupado com o futuro e sempre lhe gerava problemas e prejuízos. Toda semana, alguém vinha à porta da casa da avó e gritava: "Dona Maria, o vagabundo do seu neto aprontou novamente. Está estirado no chão da praça, embriagado e todo machucado da briga de hoje".

Dona Maria, então, agradecia a informação, pegava um cobertor e ia até onde estava o neto. Chegando lá, ela o cobria, escondendo os machucados, ajudava-o a se levantar e sempre dizia assim: "Vem, grande homem de Deus! Vem, profeta das nações! Vamos para casa para eu cuidar de você, porque Deus precisa de você forte para correr o mundo cumprindo a sua missão. Vem, homem de valor! Você é um admirável homem de honra!".

Dona Maria e o neto viveram incontáveis momentos como esse. Situações de vergonha, humilhação e prejuízos gerados pelos comportamentos errados dele. Em todas essas horas, a sábia senhora abriu a boca para falar quem ela queria que ele se tornasse, o homem de Deus que ela, com os olhos da fé, declarava que ele seria.

Nunca foi tola, lançando adjetivos como vagabundo, delinquente, beberrão, bagunceiro e outros que cabiam no estilo de vida que o neto vivia naquele momento. Nunca usou as palavras para reforçar o erro, mas para criar uma visão positiva de futuro para o neto amado.

Como resultado, o jovem conseguiu se libertar do vício em drogas, aprendeu cinco línguas estrangeiras e se tornou, como a avó profetizou durante toda a sua vida, um profeta das nações. Ele já viajou sessenta países para propagar a Palavra de Deus, cumprindo sua missão na Terra como pastor.

E aí? Você tem sido sábio ou tolo? Tem aberto a sua boca para criar vida ou morte? Suas palavras são profecias para a vida que quer viver

ou será que está cavando um buraco ainda maior para área financeira, da saúde, com os filhos e no casamento? Você tem agido com sabedoria ou ignorância?

Quando entendi o poder das palavras, a minha comunicação foi completamente transformada, assim como os meus resultados. Você já sabe que o pedido de divórcio em agosto de 2017 foi o ponto de partida da minha jornada de transformação e que, nesse processo, tive muitos momentos de dor em que parecia que, por mais que eu mudasse, por mais que me esforçasse e buscasse ser uma nova mulher, nada adiantava. A verdade é que, enquanto lançava novas sementes, com comportamentos de uma mulher mais humilde, paciente, sábia e santa, eu precisava continuar convivendo e lidando com a colheita dos frutos que vieram das sementes erradas do passado. De vez em quando, eu me via cometendo erros com o meu marido, pois a minha mudança de caráter não se deu na velocidade de que eu precisava e da qual gostaria. Então, ao longo dessa jornada, quando parecia não ter mais jeito, a visão positiva de um casamento transformado e feliz foi o meu alimento dia após dia, e as minhas palavras foram a minha arma para lutar contra as evidências.

Preciso ser sincera: eu não fui sábia com as minhas palavras e com os meus pensamentos o tempo todo. Por muitas vezes, fui tola e fraca. Em vários dias difíceis, pensei e cheguei a verbalizar frases como: "Não tem mais jeito...", "Nada vai mudar...", "Não importa o que eu faça, sempre estarei em dívida com o meu marido pelas dores que já causei nele...", "O meu casamento parece ser o meu espinho na carne...", "Ele nunca vai esquecer as mágoas do passado...", "Ele é viciado em crítica...", "Ele não para de olhar o passado, e assim nada vai mudar em nossa vida...".

Como fui tola! À medida que fazia os meus exercícios emocionais, eu me relacionava com Deus por meio da leitura da Sua Palavra, dos louvores e também ao assistir, quase diariamente, às ministrações. Ao mesmo tempo, "moía" o meu orgulho, silenciando a vontade de me justificar e de me defender ao receber feedbacks. Enquanto falava publicamente dos meus erros e pecados, pedia perdão e devorava livros sobre honra, ego, humildade e ofensa, fui sendo transformada e aprendendo a ser mais sábia do que tola, e a usar as minhas palavras a meu favor.

Independentemente de quem você vinha sendo até aqui e dos resultados gerados até então, você pode – e vai – viver algo novo e extraordinário.

NOVOS FRUTOS

Por isso falo com certeza que o poder está em viver a jornada, mudar a mentalidade, buscar o conhecimento e adotar a estrutura emocional certa para romper com os velhos padrões de crenças e, então, acessar novos resultados. Em determinado momento, obtive o pleno entendimento do poder das palavras sobre a minha vida, e foi como se eu tivesse atravessado um portal e entrado em uma nova dimensão de compreensão sobre quem sou, a vida que estou decidida a viver e quanto as minhas palavras são estratégicas para ter uma nova história. Só então parei de me amaldiçoar com frases como as citadas anteriormente, e diante das evidências ruins eu abria a minha boca e declarava: "O meu casamento será um casamento de harmonia e amor! Eu e o Paulo viveremos o que Deus preparou de mais especial para o homem e a mulher nesta Terra! O Paulo é o homem mais feliz do mundo. Eu só lhe faço bem, e nunca mal. Ele será honrado pelos governantes desta Terra pela esposa que tem". Entendeu como funciona na prática o poder das palavras?

A verdade liberta, e a consciência é a chave de quaisquer mudanças em nossas vidas. Portanto, escreva nas linhas a seguir pelo menos três narrativas ruins que você pensa e/ou fala sobre cada área da sua vida. Imediatamente depois, escreva de modo positivo, como uma declaração de fé, sendo sábio, e não tolo. Fale o contrário do que os seus olhos têm visto, de maneira completamente alinhada à vida que quer viver.

Exemplo

Área: conexão com Deus

Narrativas ruins (sendo tolo)

- Não sinto Deus.
- Parece que Deus está me castigando.
- Sou serva de Deus e vim a esta Terra para sofrer.

Narrativas boas (sendo sábio)

- Sou filho amado de Deus.
- A bondade e a misericórdia do Senhor me alcançam todas as manhãs.
- O Senhor me conhece desde o ventre da minha mãe, e o meu nome está escrito no livro da vida.
- Os meus pecados confessados e que eu não vivo mais são todos perdoados e sou livre para prosperar.

Agora é a sua vez!

1. **Conexão com Deus**

   Narrativas ruins (tolo)

   a) _____
   b) _____
   c) _____

   Narrativas novas e positivas (sábio)

   a) _____
   b) _____
   c) _____

2. **Meu casamento**

   Narrativas ruins (tolo)

   a) _____
   b) _____
   c) _____

   Narrativas novas e positivas (sábio)

   a) _____
   b) _____
   c) _____

3. **Meus filhos**

   Narrativas ruins (tolo)

   a) _____
   b) _____
   c) _____

   Narrativas novas e positivas (sábio)

   a) _____
   b) _____
   c) _____

4. Meu relacionamento com os meus pais e irmãos

Narrativas ruins (tolo)

a) _____

b) _____

c)_____

Narrativas novas e positivas (sábio)

a) _____

b) _____

c)_____

5. Minha vida social (ecossistema)

Narrativas ruins (tolo)

a) _____

b) _____

c)_____

Narrativas novas e positivas (sábio)

a) _____

b) _____

c)_____

6. Minha saúde e meu corpo

Narrativas ruins (tolo)

a) _____

b) _____

c)_____

Narrativas novas e positivas (sábio)

a) _____

b) _____

c)_____

7. Servir ao próximo

Narrativas ruins (tolo)

a) _____

b) _____

c)_____

Narrativas novas e positivas (sábio)

a) _____

b) _____

c)_____

8. Minha carreira profissional

Narrativas ruins (tolo)

a) _____

b) _____

c)_____

Narrativas novas e positivas (sábio)

a) _____

b) _____

c)_____

9. Minha vida financeira

Narrativas ruins (tolo)

a) _____

b) _____

c)_____

Narrativas novas e positivas (sábio)

a) _____

b) _____

c)_____

10. Meus conhecimentos (razão/aprendizados)

Narrativas ruins (tolo)

a) _____

b) _____

c)_____

Narrativas novas e positivas (sábio)

a) _____

b) _____

c)_____

11. Minhas emoções

Narrativas ruins (tolo)

a) _____

b) _____

c)_____

Narrativas novas e positivas (sábio)

a) _____

b) _____

c)_____

E aí? Qual foi o entendimento que você teve depois de fazer essa ferramenta de geração de consciência sobre como você tem construído a sua vida por meio das palavras? Tenho certeza de que, agora, sabendo a visão positiva do futuro, aonde quer chegar e quem decidiu se tornar, e utilizando as palavras para criar uma nova realidade, a sua transformação em direção à melhor colheita até então começa a ganhar força e velocidade.

Quero que reforce no seu coração e no seu entendimento que você foi feito com todos os recursos e ferramentas necessários para viver o plano original de Deus para a sua vida. E, além da capacidade de olhar as circunstâncias com uma visão positiva para o futuro e usar suas palavras para criar uma nova realidade, saiba que existe um terceiro fundamento. Veja que todos eles são sementes que, quando usadas da forma correta, mudam os resultados.

O tolo fala do que está vendo, e o sábio fala da vida que quer viver.

NOVOS FRUTOS

Terceiro fundamento: o poder dos pensamentos

Quase todos os dias, recebo nas minhas redes sociais pedidos de ajuda de pessoas que dizem sofrer com pensamentos ruins e de morte, aqueles que têm roubado a alegria, enchido o coração de pavor e paralisado a vida com incertezas e inseguranças. Contudo, o que essas pessoas não entenderam ainda é que tudo nasce em nossos pensamentos, então elas podem, sim, ter domínio e controle sobre o que ocupa a mente.

Em Filipenses 4:8 vemos: "Finalmente, irmãos, tudo o que for verdadeiro, tudo o que for nobre, tudo o que for correto, tudo o que for puro, tudo o que for amável, tudo o que for de boa fama, se houver algo de excelente ou digno de louvor, pensem nessas coisas".

Já aprendemos que pensamentos geram sentimentos, e estes últimos conduzem os nossos comportamentos, ações e reações diante da vida. O que faz você agir diante de um desafio ou ficar paralisado são os sentimentos que vieram originalmente dos pensamentos. Medo ou coragem? Alegria ou tristeza? Força ou fraqueza? Perseverança ou desistência? Perdão ou rancor?

Os nossos sentimentos são sementes poderosas que definem a vida que temos vivido. De Deus não se zomba; então, se queremos colher uma vida de constante crescimento, realizações e felicidade, precisamos selecionar o que ocupará os nossos pensamentos. Não conseguiremos viver em plenitude sendo guiados pelo medo, pela culpa, pelo hábito da desistência, pela fraqueza ou pelo rancor.

As sementes que lançamos no solo da nossa vida por meio dos nossos pensamentos são poderosas e, por isso, muito perigosas. Tudo começa com um pensamento. Todo adultério cometido, antes de o casal chegar no ato sexual propriamente dito, passa pelo pensamento. Ambos imaginam como seria viver um romance com aquela pessoa. Antes de todas as mentiras saírem da nossa boca, nós planejamos o que falaremos para minimizar as nossas falhas e, assim, fugir da crítica e da rejeição. Todos os roubos que já existiram no mundo começaram com uma ideia, um pensamento; assim como toda descoberta que mudou o mundo, toda invenção de um novo veículo ou de uma cura para uma doença grave.

E é importante sabermos que, quanto mais consciência tivermos sobre a qualidade dos pensamentos, mais seremos capazes de interferir na ação que virá depois deles. Apenas com a plena consciência sobre o que pensamos e dizemos podemos agir de modo intencional, não só evitando atitudes erradas, mas usando os pensamentos e as palavras certas para produzir os resultados que queremos ter em nossa vida.

Vou usar a história da Lucy e do Antônio a fim de exemplificar para o que estou tentando chamar a sua atenção. Lucy é uma bela jovem de 28 anos, solteira e recém-contratada na empresa em que trabalha. Antônio, que tem 40 anos e é um grande executivo, é casado há dez anos com Fernanda; eles têm duas filhinhas lindas: Sofia, de 3 anos, e Maria, de 1 ano.

Antônio foi apresentado a Lucy em uma reunião da empresa, e a beleza e a alegria da jovem chamavam a sua atenção. Eles começaram a conviver profissionalmente e, a cada reunião, Lucy parecia mais encantadora aos olhos de Antônio. A beleza, a simpatia, a inteligência, o modo como contribuía com ideias criativas para a empresa, tudo o atraía.

No entanto, Antônio não sabia que tudo, de bom e de ruim, começa com um simples e aparentemente inofensivo pensamento, e que aquela simples admiração inicial caminharia para um grande problema na sua vida. Algumas semanas depois, Antônio pensava cada vez mais na jovem. Ao chegar à empresa, a primeira coisa que fazia era ver se Lucy já havia chegado e onde estava. Ele a perseguia com o olhar, e ela sempre retribuía com um belo sorriso.

Sem perceber, ele estava completamente envolvido com a jovem. A sua mente não parava de pensar em muitas possibilidades de ficar com ela. Gastava horas do dia imaginando todas as cenas do que poderiam viver juntos. Por não ter colocado limites nos pensamentos, tinha feito com que os sentimentos fossem influenciados. Agora, estava apaixonado por Lucy e, assim como um homem apaixonado faz, ele agiu. Abriu o coração para ela, e passaram a viver um romance, com direito a surpresas "anônimas" na empresa, fugidas no meio do expediente e até falsas viagens profissionais para terem mais privacidade em algum lugar do mundo.

Não preciso dizer que o próximo capítulo desta história de um suposto amor é descrito com muita dor e tristeza. Em pouco tempo, Fernanda, esposa de Antônio, descobriu o que estava acontecendo e pediu o divórcio, levando as duas criancinhas para outra cidade. O homem, nesse momento, retomou a lucidez e a sabedoria ao ver quanto fora estúpido e o tamanho do prejuízo e da dor que tinha gerado para a própria vida e a das pessoas que mais amava no mundo, ou seja, a esposa e as filhas. Ah, se Antônio tivesse sido capaz de colocar limites nos seus pensamentos enquanto teve tempo... Mas não o fez. E veja o resultado.

Usei esse exemplo para ilustrar o poder dos pensamentos. Quanto mais você e eu formos capazes de administrar os pensamentos, mais teremos uma vida de prosperidade e felicidade. Só o que for justo, verdadeiro, honesto e de boa fama deve ocupar os pensamentos; logo, quando a mente estiver sendo ocupada por mentiras, coisas ilícitas, injustiças e pecados, você pode – e deve – mudar imediatamente os pensamentos. A história foi de adultério, mas esse princípio serve para absolutamente tudo em nossa vida.

Provérbios 23:7 diz que os pensamentos de nossa alma falam sobre quem somos. Eles são a raiz de toda a nossa existência e, por isso, devemos gerenciar o que ocupa a mente.

Agora imagino que você esteja se perguntando: "Camila, como domino os meus pensamentos? Como os mudo? Como paro com os pensamentos ruins, errados, e ocupo a mente com o que é justo, verdadeiro, honesto?". A resposta é: torne-se um selecionador. Nossos pensamentos são gerados por tudo o que vemos e ouvimos. Selecionar o que entra em nossa mente define a qualidade dos pensamentos e, por consequência, dos nossos sentimentos, atitudes e comportamentos diante de todas as coisas da nossa vida.

Não tem como alguém passar o dia assistindo a programas de televisão ou vídeos na internet sobre desgraças que estão acontecendo no mundo, violências, mortes brutais e, ao mesmo tempo, sentir alegria e coragem para viver a vida, para crescer. Não tem como andar todos os dias com pessoas que só falam de problemas, dificuldades, falta de dinheiro, que reclamam dos seus cônjuges e filhos, que maldizem outras pessoas e não se encher de pensamentos de derrota e sentimentos ruins.

Eu e você somos completamente influenciados por tudo o que olhamos e ouvimos. Por isso a escolha do nosso ecossistema, das pessoas com quem vamos dividir a mesa é tão importante. Nós nos tornamos a média das pessoas com quem mais convivemos. Por quê? Porque o meio e as pessoas geram em nós novos pensamentos e sentimentos, e estes, por sua vez, em pouco tempo, interferem no modo como vemos o mundo, em nossa trajetória, nas escolhas diárias do que comemos, do que vestimos e de aonde vamos. Eles têm influência direta no que conseguimos desejar para o futuro.

Para termos os pensamentos certos, precisamos vigiá-los assim como nossas palavras, o que nos fará ser como a mulher sábia citada no livro de Provérbios 31. A Bíblia diz que ela se revestia de força e dignidade e sorria para o futuro. Uau! Como é bom poder olhar para o que está por vir em nossas vidas com paz e profunda alegria. Sabe por que ela sorria para o futuro? Porque a Palavra diz que ela agia com força e dignidade. Acordava cedo e dava ordens às suas funcionárias, ensinava com amor e era generosa, doando parte dos seus recursos aos necessitados. Diz também que era habilidosa e que não existia preguiça na sua vida. Costurava roupas de lã para os filhos, e por isso a família estava protegida no inverno. Diz ainda que trabalhava com sabedoria e competência, que tinha negócios lucrativos, sabia reinvestir o lucro e trazia provisão de longe para a casa. Essa mulher só fazia o bem, e nunca o mal ao seu marido. Esse homem era honrado no meio das autoridades da cidade pela esposa que tinha.

Eu não sei você, mas quando medito nessa descrição da mulher sábia vejo quanto preciso estar atenta, todos os momentos da minha vida, para que os meus comportamentos me levem a ter paz sobre o meu futuro – e não me dirijam mais a um lugar de dor e incertezas igual ao que vivi quando, com as minhas próprias mãos, quase acabei com o meu casamento e destruí a minha família.

Veja que são as escolhas diárias dessa mulher sábia, os seus comportamentos certos, as suas sementes perfeitamente selecionadas que lhe concedem o privilégio de poder descansar e sorrir para o futuro. Certamente ela sabe que de Deus não se zomba e que colherá tudo aquilo de bom que está semeando em sua vida.

Adiante, no momento certo, ensinarei o poder das referências. Esse conteúdo será mais uma arma poderosa nas suas mãos para mantê-lo semeando corretamente hoje, a fim de que, em breve, você viva a sua melhor colheita até então, em todas as áreas.

O maior problema da humanidade, depois do orgulho, é a falta de clareza e objetividade a respeito do que se deseja viver em todas as áreas.

NOVOS FRUTOS
@camilavieira

SEMEANDO

"A árvore boa não pode dar frutos ruins,
nem a árvore ruim pode dar frutos bons."
– Mateus 7:18

Ouvi de Bill Johnson, grande pregador da Palavra de Deus, que preciso mostrar que o meu Deus é bom por meio do meu casamento, da minha empresa, da minha vida financeira, da minha saúde, do meu amor, da generosidade com o próximo e da minha alegria. Eu preciso pregar a bondade de Deus sem ter que usar as minhas palavras. Isso foi uma excelente reflexão para a minha vida e me levou a tomar algumas decisões importantes.

O que as pessoas têm pensado de Deus olhando para a minha vida? E quando elas olham para a sua vida, o que os seus frutos têm dito sobre o seu Deus?

Já entendemos que os resultados que temos em todas as áreas da nossa vida são colheita das sementes que plantamos na nossa saúde, no nosso casamento, na criação dos nossos filhos, na nossa vida profissional e financeira, na nossa conexão com Deus e em tudo mais. No entanto, a misericórdia do Senhor diz que podemos nos arrepender, abandonar o mau caminho, sermos perdoados e vivermos uma nova e feliz colheita.

Independentemente do que você semeou até aqui, é possível mudar a sua colheita. O próximo passo, para você que já reconheceu as sementes erradas que usou para colher os frutos ruins de hoje, é criar uma visão positiva de futuro para a nova colheita.

Reflita

Muitas vezes, queremos mudanças, mas não temos clareza sobre onde queremos chegar. Sem visão, qualquer caminho parece servir. Além disso, a falta de clareza do futuro nos mantém presos em ciclos de frustração e mediocridade. Ter uma visão clara para a nossa vida – no casamento, na carreira, na saúde, nas finanças e na vida espiritual – nos dá direção e propósito. Quando sabemos aonde queremos chegar, aa nossas decisões se tornam mais assertivas.

A Palavra de Deus, em Provérbios 29:18-19, diz: "Onde não há revelação divina, o povo se desvia; mas como é feliz quem obedece à lei! Meras palavras não bastam para corrigir o escravo; mesmo que entenda, não reagirá bem". Outro fundamento essencial para uma transformação verdadeira é o poder

das palavras. Provérbios 18:21 diz: "A língua tem poder sobre a vida e sobre a morte; os que gostam de usá-la comerão do seu fruto". O que falamos sobre nós mesmos, sobre as nossas circunstâncias e sobre o futuro tem um impacto direto na nossa realidade.

As palavras que lançamos sobre a nossa vida produzem os pensamentos que temos, e é essencial cuidar também do que ocupa a nossa mente. Se não controlamos os nossos pensamentos, nos tornamos vulneráveis a medos, dúvidas e crenças limitantes. Quando aplicamos esses fundamentos – visão, palavras e pensamentos transformados –, estamos plantando sementes que darão frutos abundantes no tempo certo.

Ações para colocar em prática

1. Escreva a sua visão positiva de futuro para cada área da vida. Comece pelas áreas que estão com piores resultados hoje.
2. Crie o seu Mural da Vida Extraordinária (instruções na página 62).
3. Escreva três narrativas ruins que você conta hoje sobre cada área da sua vida e as reescreva, transformando-as em três narrativas boas (página 69).

Oração

Senhor, Deus Todo-Poderoso, meu Pai, eu quero começar a minha oração dizendo que eu te amo e que estou decidido a viver uma vida que glorifique o Teu Santo nome. Eu quero mostrar a Tua bondade e o Teu amor por onde eu passar na minha vida, sem mesmo ter que falar.

Pai, eu reconheço os meus pecados até aqui, peço perdão por (cite em voz alta os erros que vierem ao seu coração no momento da oração). Peço a Tua ajuda, Espírito Santo, para seguir a minha vida de agora em diante livre destes comportamentos que me afastam do Senhor, que ferem as pessoas que me amam e que têm produzido dor em minha vida.

Senhor, eu apresento cada um dos meus novos objetivos para todas as áreas da minha vida (citar o que você escreveu na sua visão positiva de futuro). Esse é o desejo do meu coração, mas submeto todos eles ao Senhor e peço que não me permita viver nada que não faça parte dos Seus planos para a minha vida. Decido construir uma vida alinhada aos Teus planos para mim.

Me sustente nos dias maus, guarde o meu coração de toda e qualquer manifestação de orgulho e me tire do lugar que ainda limita a minha visão para que eu cumpra o Teu propósito por meio da minha vida na Terra.

Peço tudo isso ao Senhor em nome do meu amado Jesus. Amém!

Faça parte de algo maior: torne-se um semeador!

O Semeadores da Plenitude nasceu do desejo de ver pessoas experimentando uma mudança genuína em suas vidas e levando essa transformação adiante. Deus me inspirou a criar esse movimento a partir do devocional *Plenitude*, e hoje ele já toca milhares de vidas ao redor do mundo.

E agora, eu convido você a fazer parte disso! Ser um Semeador é mais do que compartilhar a Palavra de Deus: é viver um processo de crescimento, amadurecimento e renovação. Cada encontro é uma oportunidade para avançar em fé e testemunhar milagres acontecendo.

A transformação já começou, e você pode ser um instrumento poderoso nessa missão! Escaneie o QR code e venha semear com a gente. Juntos, seremos agentes de uma grande colheita!

febra.site/videocamila02

Semente é tudo o que eu penso, sinto, comunico e realizo.

NOVOS FRUTOS
@camilavieira

3

A QUALIDADE DO SOLO DEFINE A QUALIDADE E A VELOCIDADE DA SUA COLHEITA

"Acima de tudo, guarde o seu coração,
pois dele depende toda a sua vida."

Provérbios 4:23

Q uando a Palavra de Deus fala que devemos guardar o nosso coração acima de tudo, fica claro que é dele que são gerados todos os nossos resultados. São os nossos sentimentos que definem quanto seremos sábios ou tolos, preguiçosos ou produtivos, medrosos ou corajosos. Nossa estrutura emocional determina a capacidade de perseverar diante dos processos de crescimento da vida e a resiliência que temos diante das dificuldades. A razão e o conhecimento garantem que saibamos o que fazer; porém, a estrutura emocional indica se seremos capazes de colocar em prática o conhecimento adquirido ao longo da vida.

Agora você sabe quem decidiu se tornar e quais tipos de pensamentos, sentimentos, palavras e comportamentos precisará semear em sua vida a fim de se tornar quem Deus o fez para ser e, assim, poder viver a sua visão extraordinária de futuro. Para essas sementes de verdade gerarem os frutos esperados, o seu coração e as suas emoções precisam ser tratados. No livro de Marcos 4:1-8, Jesus ensina contando uma parábola:

> *Novamente Jesus começou a ensinar à beira-mar.*
> *Reuniu-se ao seu redor uma multidão tão grande que ele teve*
> *que entrar num barco e assentar-se nele. O barco estava no*
> *mar, enquanto todo o povo ficava na beira da praia.*
> *Ele lhes ensinava muitas coisas por parábolas, dizendo em seu*
> *ensino: 'Ouçam! O semeador saiu a semear. Enquanto lançava*
> *a semente, parte dela caiu à beira do caminho, e as aves vie-*
> *ram e a comeram. Parte dela caiu em terreno pedregoso, onde*
> *não havia muita terra; e logo brotou, porque a terra não era*
> *profunda. Mas quando saiu o sol, as plantas se queimaram*
> *e secaram, porque não tinham raiz. Outra parte caiu entre*
> *espinhos, que cresceram e sufocaram as plantas, de forma que*

ela não deu fruto. Outra ainda caiu em boa terra, germinou, cresceu e deu boa colheita, a trinta, sessenta e até cem por um".

Marcos 4:1-8

É a isto que estou me referindo: precisamos manter o nosso coração como **uma terra boa.** Se eu e você não sondarmos o nosso coração constantemente e tratarmos esse ambiente em que a nossa vida e os nossos resultados são gerados, viveremos sempre ciclos de autodestruição, fracassos e dores. E o que adoece a nossa alma, o que enfraquece o nosso solo e nos faz viver uma vida distante da que fomos criados para viver são as nossas feridas emocionais.

Mas o que são as feridas emocionais, afinal? Eu poderia falar sobre esse tema a partir de muitas histórias que fizeram parte da minha vida e deixaram marcas em minha identidade, mas escolhi algo que aconteceu quando eu tinha aproximadamente 13 anos. Até hoje, não me recordo de ter compartilhado esta história com ninguém, mas entendi que neste momento ela será útil e importante na sua jornada de transformação.

Era 1986, eu tinha entre 12 e 13 anos de idade e estava em uma festa de aniversário, na casa de uma prima que tinha se casado há pouco tempo. Lembro-me de que aproveitamos o seu aniversário para visitá-la em sua casa nova, em Fortaleza. Na ocasião, os adultos ficaram reunidos no apartamento, e as crianças e os adolescentes desceram para o playground do prédio. Lembro-me de estar sentada conversando com as minhas três primas da mesma faixa etária, e o papo eram os meninos bonitos da escola. Não sei se você se recorda, mas, na adolescência, esse costumava ser o assunto principal das rodinhas.

Então uma delas se levantou, foi até o porteiro do prédio e perguntou se existiam garotos da nossa idade no condomínio. Não sei qual foi a resposta, e não é exatamente sobre ela que quero falar, e sim sobre a consequência dessa pergunta na minha vida.

Alguns dias depois disso, eu estava na frente do curso de inglês que fazia na época, esperando a minha mãe, que me buscaria após a aula. Quando entrei no carro, ela olhou para mim e, já aos gritos, disse que não "havia criado filha para ser 'piranha'". Com muita raiva, ela me contou que havia ficado sabendo da pergunta que nós (eu e as minhas primas) tínhamos feito ao porteiro, completando que isso era coisa de mulher vadia, vagabunda, "galinha" e "piranha", além de uma série de outros adjetivos que achou no seu repertório para definir uma mulher sem valor e sem respeito.

Todo o seu vasto vocabulário no tema foi lançado com forte impacto emocional em minha vida. Cada palavra veio acompanhada de muita emoção. Ela estava com raiva, furiosa e aos gritos. Lembro-me de demorar alguns segundos para associar o que tínhamos feito de tão grave, tamanho era o peso da acusação que eu estava recebendo.

Essas palavras cruéis e duras ecoaram nos meus ouvidos e no meu coração durante muito tempo. Era uma mistura de sentimentos e pensamentos que passavam no meu coração e na minha cabeça. Fiquei com medo, vergonha, raiva, e até mesmo me senti injustiçada, assim como tive um desejo profundo de fazer algo que pudesse defender o meu ego. Algo que a fizesse acreditar que eu não era nada daquilo que ela estava afirmando sobre mim. Eu não era nada daquilo de que estava sendo acusada. Na época, tinha apenas 12 anos e nunca tinha namorado ninguém. O meu primeiro beijo aconteceu faltando uma semana para o meu aniversário de 16 anos e não foi "de qualquer jeito". Foi em um pedido de namoro oficial e com uma pessoa especial, com quem namorei por mais de um ano e meio, do jeitinho que havia sonhado e idealizado a partir do meu romantismo da adolescência.

A questão é que não precisavam ser verdadeiras as palavras de acusação. Mesmo não sendo uma jovem com comportamentos de uma mulher vadia, os adjetivos ruins, os gritos, as invalidações, as comparações, as humilhações e muitas outras formas de desamor produziram uma fratura profunda na minha alma que, quando somada a tantas outras experiências de dor da minha infância, destruíram a minha identidade e adulteraram completamente o meu caráter. Quanto mais forte e profunda a fratura emocional, maior é a disfunção na nossa vida. São essas fraturas que nos impedem de ter uma vida de bons frutos e alinhada com o plano original de Deus para cada um de nós.

Essa história foi apenas um gancho que escolhi para dizer a você que, assim como aconteceu para mim, é possível que na sua vida também existam memórias que feriram a sua identidade, o entendimento do seu valor, e o fizeram acreditar em algumas mentiras a seu respeito, a respeito do que você é capaz de realizar e de quanto merece ou não viver uma vida abundante e feliz.

Um jeito mais claro de entender feridas emocionais é lembrar que, assim como um acidente pode causar uma grande lesão em alguma parte do nosso corpo (chegando até mesmo a abrir a pele e deixar o osso exposto), em nossa alma acontece o mesmo. Talvez a sua ferida tenha sido aberta por um único e muito forte episódio de dor, como um abuso sexual, uma cena de forte violência familiar, uma grande surra ou quem sabe um abandono de pai ou mãe. Nossas feridas também são criadas por pequenas experiências não tão severas quando vistas isoladamente, mas que se repetiram muitas vezes ao longo da nossa vida, como gritos, impaciência, muitas críticas, brigas de pai e mãe, álcool dentro de casa, entre muitas outras memórias ruins. Essas experiências que você e eu vivemos de modo repetido ao longo da nossa jornada também criaram fraturas em nossa alma e têm causado dores e destruição.

Quero que você entenda um pouco melhor a origem das fraturas que existem hoje na sua alma e os prejuízos que elas lhe têm causado no casamento, na vida financeira, na vida profissional, na criação dos filhos, na saúde e até na conexão que você tem com Deus. A sua vida e os seus resultados, em cada uma das áreas, são diretamente influenciados pelas feridas que ainda estão abertas na alma, interferindo no modo como você enxerga a si mesmo e as outras pessoas que fazem parte da sua vida.

A formação da nossa estrutura emocional acontece principalmente nos primeiros doze anos de vida. Viemos ao mundo como um livro em branco, e a nossa história começa a ser escrita desde a hora da nossa concepção. Todas as experiências que vivemos, sejam elas boas ou ruins, vão moldando a identidade que temos e, assim, definindo a nossa existência. Logo, tudo o que você viveu ao longo da vida, sobretudo na infância, todas as experiências que aconteceram com você ou com as pessoas que amava, tudo o que ouviu sobre si, tudo o que viu acontecendo em sua casa e com as pessoas que faziam parte da sua vida e todos os sentimentos que sentiu durante as experiências boas ou ruins formaram as memórias que você tem. Elas, por sua vez, não se apagam. Por isso, estão todas registradas em sua vida.

A sua criança associou um significado a cada memória armazenada de uma nova experiência vivida. Exemplos: "Sou amado", "Sou importante", "Sou inteligente" ou "Sou forte"; mas também: "Sou burro", "Não sou amado", "Ninguém me protege", "Não tenho valor", "Papai não me ama", "Mamãe está triste comigo" e por aí vai. Além do significado, um sentimento também foi unido a essas memórias, como paz, alegria, entusiasmo, medo, culpa, raiva, nojo, insegurança, mágoa ou injustiça.

Assim, mesmo sem você se recordar conscientemente disso, todas as suas experiências estão registradas na mente e formam a sua compreensão emocional sobre si mesmo e sobre tudo e todos à sua volta. Essa compreensão emocional sobre si é chamada de crença. São as suas crenças do seu valor pessoal ("Eu sou"), a respeito de tudo que você acredita ser capaz de realizar ("Eu posso") e sobre quanto se vê merecedor de coisas boas ou de uma vida cheia de escassez e limitações ("Eu mereço") que têm definido a sua vida e os resultados obtidos em todas as áreas.

Só existe orgulho em mim e em você porque ainda existem fraturas não cicatrizadas. O orgulho é o grande vilão da nossa história, o grande destruidor da vida feliz. Ele se alimenta das nossas feridas emocionais, faz morada e traz destruição, apesar de se apresentar como um curativo que promete proteção e cuidado. Falaremos mais sobre esse inimigo comum neste livro, mas agora só preciso que você entenda a origem e os prejuízos que as suas feridas emocionais têm causado na sua vida.

Para entrar nessa jornada de transformação e ser capaz de produzir bons frutos no casamento, nos filhos, na saúde, na família de origem, na carreira profissional, na vida financeira e até mesmo na conexão com Deus, você precisará entender quais são as feridas emocionais que ainda estão abertas e o prejuízo que elas têm causado em sua vida.

Existem disfunções comuns que são encontradas na vida de pessoas que ainda têm muitas feridas emocionais não cicatrizadas. Relaciono a seguir as manifestações mais comuns (resultados ruins, ou maus frutos) presentes na vida de pessoas que têm vivido, ano após ano, sem parar para tratar a própria alma. Então convido-o a ler cada uma das manifestações; porém quero que faça isso com muita **coragem**, **plena verdade** e **humildade**.

À medida que ler, pense se tal comportamento ou sentimento existe hoje na sua vida. Sonde o seu coração e seja completamente sincero. Reconhecer os prejuízos das feridas emocionais abertas é o primeiro passo para curá-las e transformar a sua vida. Ou seja, a jornada de transformação que você está trilhando avançará na proporção da sua capacidade de mergulhar na consciência e trazer à luz tudo o que estava até hoje oculto e no campo do inconsciente ou desconhecido.

Desse modo, coloque ao lado de cada manifestação uma nota de 0 a 10 para a intensidade com que ela existe na sua vida, em que 0 representa nenhuma intensidade e 10 o máximo de intensidade. Quanto mais exigente e verdadeiro você for consigo, mais rápida será a sua vitória.

	Ansiedade extrema.
	Frigidez sexual.
	Não merecimento profundo.
	Sentimento de inadequação.
	Psoríase.
	Sentimento de culpa.
	Depressão.
	Impaciência e descontrole.
	Falta de diálogo.
	Síndrome do pânico.
	Subserviência (dificuldade de dizer "não" e colocar limites nos relacionamentos).
	Solidão (dificuldade de se relacionar e fazer amizades).
	Compulsão por compras.
	Dificuldade de liderar pessoas.
	Medos crônicos (como falar em público, casar-se, ter filhos, empreender, prosperar ou andar de avião).
	Desacordo com o cônjuge.
	Vitimização e autossabotagem.
	Desequilíbrio entre o ganhar e o ter dinheiro (descontrole financeiro).

A consciência sempre será a maior aliada nesta jornada de transformação da vida. E contra evidências não há argumentos. Se existe alguma dessas manifestações, é porque as suas feridas emocionais ainda estão abertas, ainda doem e têm impedido você de viver uma vida feliz e abundante.

Funciona assim: vivemos algumas experiências ruins ao longo do tempo. Elas causaram feridas em nossa alma e nosso coração. Por consequência, elas guiam os nossos pensamentos, sentimentos, palavras e comportamentos. Quanto maior a ferida, maior será o orgulho que entrará em nossa mente, trazendo consigo uma estratégia de defesa que diz que somos muito bons e já esquecemos tudo o que fizeram conosco, podendo nos colocar até mesmo no papel de vítimas ao falarmos que estamos fadados ao fracasso por tudo o que foi feito. Mas, na verdade, isso tudo é o orgulho falando mais alto, dando voz à sua pior versão e o mantendo longe do seu propósito. O orgulho tem esta missão em nossa vida: causar destruição e morte de sonhos e projetos.

Então pergunto: você quer saber se as suas feridas foram cicatrizadas ou se elas ainda estão abertas, causando danos nas suas emoções e em várias áreas da sua vida? É simples! Basta trazer à mente agora o que o ofende.

Tudo que o ofende o governa.

Tudo o que nos ofende estimula a nossa pior versão. Os gatilhos de ofensa que temos são as chaves para entender as feridas emocionais e os prejuízos que temos gerado em nossa vida. John Bevere, um homem de Deus e grande escritor dos Estados Unidos, tem um livro chamado *A isca de Satanás*, em que define a ofensa como a maior estratégia do diabo para nos roubar a vida que Deus nos fez para viver e, ainda, para nos levar a destruir a das pessoas à nossa volta.[2]

---

[2] BEVERE, J. **A isca de Satanás**. Rio de Janeiro: Lan, 2009.

E essa ofensa só existe onde há feridas emocionais abertas, onde há um coração doente, um solo infértil para gerar frutos bons e saudáveis.

Sinceramente, o que mais o ofende? O que faz o seu coração acelerar e os seus piores sentimentos e reações virem à tona? O que fomenta a sua pior versão? Quais são aquelas palavras e atitudes que você já prometeu a si mesmo, às outras pessoas e até mesmo a Deus que jamais voltaria a proferir e ter, mas é só alguém tocar na "sua ferida" que toda a promessa é esquecida? Qual é a situação que, apenas ao ser mencionada, o machuca novamente e faz a "fera adormecida" aparecer, levando-o a falar e fazer o que o machuca e faz infelizes as pessoas que o amam?

O que mais ofende você? Só somos capazes de vencer quando conhecemos o que nos faz cair. Quanto mais reconhecemos as nossas fragilidades, mais fortes e sábios nos tornamos.

Ray Dalio diz, no seu livro *Princípios*, que a nossa fratura exposta acelera a nossa vitória.[3] Então, com verdade e humildade, marque na lista a seguir todas as situações que costumam ofendê-lo, produzindo um sentimento e uma reação negativos.

Quando você se sente rejeitado.
Quando você se sente injustiçado.
Quando você se sente abandonado.
Quando você é humilhado em público ou em particular).
Quando você se sente traído e/ou enganado.
Quando tratam você com gritos e grosserias.
Quando cometem abusos verbais e emocionais.
Quando ameaçam você.
Quando você é tratado com indiferença.
Quando é comparado com outra pessoa.
Quando há maus-tratos.
Quando mentem para você.
Quando recebe uma crítica.

---

3 DALIO, R. **Princípios**. Rio de Janeiro: Intrínseca, 2018.

| Quando descumprem uma promessa feita a você. |
| Quando alguém o trata com ironia. |

Outros:

| |
| |

Saiba que a intensidade da sua reação e de como se sente ofendido com cada uma das situações citadas denuncia o tamanho da fratura emocional aberta na sua alma. Esse machucado tem sido o maior sabotador de tudo o que Deus fez e entregou para que você pudesse viver nesta Terra. Essa ferida mantém o seu solo e coração doentes, além de impedir que você gere bons frutos.

Por que pessoas incríveis fazem coisas terríveis?

Você já parou para pensar como pode aquele homem tão competente, que trata tão bem os funcionários da empresa e é tão generoso e sensível com as pessoas necessitadas, ter agredido fisicamente a esposa? Como pode aquele homem incrível ter feito algo tão terrível? Por que pessoas maravilhosas fazem coisas hediondas?

Como pode aquele jovem tão doce, obediente aos seus pais, estudioso e um amigo tão divertido, ter sido tão cruel, espancando violentamente um senhor que bateu no seu carro no trânsito? Por que pessoas incríveis fazem coisas terríveis?

Uma vez, conversei com uma mulher que me contou sobre a sua dor e me pediu ajuda. Ela era linda, muito próspera e tinha aproximadamente 40 anos, com três filhas encantadoras, uma carreira brilhante e uma busca por Deus inspiradora. Porém, estava vivendo um drama no próprio casamento. O seu marido havia confessado uma traição. Ele contou que estava com

um relacionamento paralelo ao casamento há alguns anos, mas que havia tomado consciência da besteira que estava fazendo e que, por isso, estava confessando o erro para ela, pedindo perdão e se dispondo a começar uma nova história com a esposa e as filhas. Aquela bela mulher, muito bem-resolvida, não esperava essa confissão, e a dor acessou nela uma versão cruel que até então ela não conhecia. Aceitou o pedido de desculpas, não terminou o casamento, mas daquele dia em diante passou a maltratá-lo, humilhá-lo, desrespeitá-lo, desonrá-lo e ridicularizá-lo na frente das filhas todos os dias. Ela afirmava ter se tornado uma esposa fria, grosseira e cruel.

Quando terminou de me contar, olhei bem nos olhos dela e perguntei se ela entendia que estava jogando fora todas as chances de seu casamento ser restaurado e eles voltarem a ser felizes. Prontamente respondeu que sim, entendia. Tinha certeza de que ele não suportaria ser tratado assim por muito tempo. Então perguntei se era isso o que ela queria. Questionei se o objetivo era o fim do casamento, ao passo que ela começou a chorar e disse imediatamente que não conseguia se ver sem a sua família e o seu marido.

Chorando muito, ela me pediu ajuda e disse que não conseguia controlar a ofensa em seu coração, que as reações que ela vinha tendo com ele eram mais fortes do que o desejo dela de não perder o esposo e a família. Falou também que já tinha jurado várias vezes a si mesma e até mesmo a Deus que mudaria, que voltaria a ser uma esposa amorosa, gentil e sábia. No entanto, bastava pensar no que ele tinha feito ou se sentir cobrada por ele em algum aspecto, que já estava pronta para agredi-lo sendo impaciente, grosseira, fria e cruel. Estava destruindo a sua vida com as próprias mãos, e não conseguia parar, mesmo tendo consciência disso.

Essa é a ferida emocional, a dor na alma causada por aquela traição confessada; e estava tão aberta, que essa mulher tinha se transformado em um poço de ofensa. Tudo o que acontecia despertava a sua pior versão, e ela não sabia como se livrar desse monstro que estava destruindo a própria vida.

Chamei-a para uma conversa com mais tempo e fiz algumas perguntas, tentando entender mais o que estava acontecendo para que pudesse ajudá-la. Como já sabia, por minha própria vida e pelos estudos do meu marido sobre formação das crenças e vícios emocionais, tinha certeza de que, no casamento, ela estava revivendo dores da infância. Mas eu precisava de mais detalhes para que ela também entendesse a origem de tudo e pudesse mudar os comportamentos, bem como resgatar o casamento.

Quando questionei como tinha sido o casamento dos pais, ela rapidamente respondeu: "Excelente! Eles se davam muito bem. Meu pai era o amor da minha vida. Um médico incrível. Um exemplo de homem trabalhador. Saiu de uma família muito simples financeiramente e construiu uma carreira brilhante". À medida que ela descrevia o pai de modo apaixonado, aproveitei para questionar se havia também trabalhado bastante, se estava sempre ocupado, se conseguia acompanhar a agenda dos filhos, as festas da escola etc.

Nesse momento, ela começou a chorar e contou que sentia muita falta dele, pois estava sempre viajando para treinamentos ou em incontáveis plantões hospitalares, e nunca esteve nas festas da escola, nem mesmo no Dia dos Pais. Lembrou-se de uma festa de aniversário dela em que a casa estava cheia de convidados, e ela esperou a chegada do pai para cantarem os parabéns, mas houve uma emergência no hospital, e ele não conseguiu chegar a tempo. Então perguntei como ela tinha se sentido, e a resposta imediata foi: "Sentia que eu estava sendo trocada pela profissão dele. Me sentia traída! Me sentia não sendo prioridade na sua vida".

Uau! Não sei se você percebeu, mas ela passou a vida inteira se sentido traída, e esse se tornou o seu vício emocional. Como viciada, encontrou uma situação no próprio casamento para continuar a viver a vida se sentindo traída. Foi exatamente assim que aconteceu comigo também. Passei a vida inteira sendo muito criticada e me sentindo injustiçada, então sempre dei um jeito de atrair crítica e humilhação no meu casamento. Durante muitos anos eu me queixava, dizendo: "Meu Deus, eu me casei com a minha mãe!". O que eu não entendia, entretanto, era que o vício era meu; portanto, havia escolhido um marido exigente e sempre estava dando um jeito de errar para ser criticada.

A verdade é que existem muitas coisas que precisamos entender sobre as nossas memórias e as consequências delas em nossa vida adulta, mas quero que você se concentre, neste primeiro momento, em tudo que o ofende hoje e fomenta em você uma versão que não se parece com a que Deus o criou para ser. Uma versão que destrói, em vez de edificar. E mais uma vez quero que reflita...

Quanto mais forte
e profunda
a fratura
emocional, maior
é a disfunção
na nossa vida.

NOVOS FRUTOS
@camilavieira

Por que pessoas incríveis fazem coisas terríveis?

E você? Olhando para a sua vida e sabendo que é uma pessoa incrível, quais coisas terríveis você tem feito quando alguém toca na sua ferida emocional? Que versão surge? De repente, você se sente rejeitado, humilhado, desonrado, enganado ou traído? Como você reage quando alguém mente para você? Ou quando o tratam com gritos e impaciência? Ou simplesmente quando você se sente perdendo o controle de uma situação ou as coisas saem diferente do planejado? E quando alguém grita com você no trânsito, ou passa na sua frente de maneira desrespeitosa e estaciona na vaga que você estava há alguns minutos esperando desocupar? Nessas e em tantas outras ocasiões, quem você se torna? Quais são as suas reações? Quais palavras saem da sua boca? Quais são os seus sentimentos?

Ser capaz de responder para si todas essas perguntas é muito importante para dar o próximo passo, que é o de ensinar à sua mente que existem possibilidades diferentes de respostas, as quais não alimentarão seus vícios emocionais e não levarão a comportamentos que causam arrependimento e mais prejuízos em sua vida.

O apóstolo Paulo, na carta que escreveu para a igreja de Roma, fala:

Pois o que faço não é o bem que desejo,
mas o mal que não quero fazer, esse eu continuo fazendo.
Ora, se faço o que não quero, já não sou eu quem o faz, mas o
pecado que habita em mim.
Assim, encontro esta lei que atua em mim: quando quero fazer
o bem, o mal está junto a mim. Pois, no íntimo do meu ser
tenho prazer na lei de Deus; mas vejo outra
lei atuando nos membros do meu corpo, guerreando contra a
lei da minha mente, tornando-me prisioneiro
da lei do pecado que atua em meus membros.
Miserável homem eu que sou! Quem me
libertará do corpo sujeito a esta morte?

Romanos 7:19-24

Se Paulo, que era revestido da glória e do poder de Deus, tinha que administrar as suas reações emocionais contrárias ao que ele queria ser e fazer, imagine eu e você, que estamos longe de ser quem era Paulo. Esse "pecado que habita em mim" citado por ele é exatamente a nossa alma ferida, doente, funcionando como uma arma destruidora contra a versão santa e admirável que tanto queremos ser e que eu acredito que Deus nos criou para sermos.

Enquanto escrevo estas palavras para você, fico imaginando que, neste momento, você deve estar se perguntando: "Mas como eu saro essas feridas da minha alma e paro de agir na direção contrária da vida que quero viver? Como diminuo a influência das minhas dores do passado na minha vida hoje? Como paro de morder a isca da ofensa e acessar o monstro que habita em mim e permaneço a maior parte dos meus dias com o domínio das minhas emoções, sendo sábio no agir, usando o sentimento certo, na intensidade certa e na ocasião certa (essa é a inteligência emocional) em cada situação da minha vida? Como vivo a minha melhor versão?".

Acertei os seus pensamentos? Bem, caso não, posso dizer que essas seriam as minhas perguntas se estivesse no seu lugar lendo este livro. Se sim, a resposta é simples: deixando que as feridas/fraturas emocionais que hoje ainda causam dor na sua vida cicatrizem. Vamos usar o corpo físico para representar o que precisamos fazer na alma: quando temos um corte aberto no braço, precisamos lavar com água corrente, usar um antisséptico, colocar um medicamento com antibiótico e cobrir adequadamente para que a ferida possa cicatrizar e, de preferência, não deixar marcas na pele.

Com as feridas da alma não é diferente. A primeira coisa que devemos fazer é reconhecer com verdade que elas existem e causam dores e prejuízos em nós, bem como nas pessoas que mais amamos. Essa fase da verdade é a água que limpa. Enquanto são encobertas e negadas, as feridas ficam "sufocadas" e sem receber cuidados para que cicatrizem. Mais uma vez, é a verdade que liberta.

Feita a limpeza, depois de termos plena consciência, é a hora do antisséptico. Hora de saber quem nos feriu no passado, sem justificativas e sem tentativas de explicar os erros cometidos contra nós. Precisamos reconhecer a origem da nossa dor, a verdade nua e crua do que aconteceu, sem colocar "flores" nas memórias para parecerem mais bonitas do que foram. Só passando pela verdade do que vivemos no passado poderemos chegar à fase do tratamento da ferida aberta e infeccionada, que causa dores e ainda está cheia de pus. Precisamos da verdade para poder colocar o antibiótico nas feridas da alma. Sem dúvida, a missão mais importante e desafiadora de todo o processo é o perdão. O antibiótico, o único que cura, é o perdão.

Já sabemos como fomos feridos, que tipo de experiências vivemos; já sabemos quem nos machucou no passado (com ou sem intenção). Mas, agora que somos adultos, inteligentes e queremos ser quem Deus nos fez para ser, precisamos agir certo. Não podemos aceitar viver uma vida de autossabotagem, com vários comportamentos disfuncionais, acessando muitas vezes o monstro que existe em nós e nos afastando do casamento feliz, da liberdade financeira, da saúde forte e do corpo bonito, de sermos sábios na criação dos nossos filhos. Acima de tudo, não podemos nos distanciar do propósito que carregamos e que foi dado por Deus a cada um de nós. Então, o antibiótico que sara as feridas e muda a vida por completo é a nossa decisão de perdoar quem nos feriu.

O perdão é estratégico e fundamental para todas as pessoas que querem uma vida abundante e plena, para aqueles que querem gerar bons e novos frutos. Sem perdão, não existe cura da alma. E o pior: sem perdão, desobedecemos a nosso Deus. Sei que você já ouviu muito isso, mas preciso chamar a sua atenção e reforçar que o perdão é a única coisa que pode libertar você para ser verdadeiramente feliz, ganhar dinheiro, ter saúde física, ter um casamento satisfatório, filhos fortes emocionalmente, contentes e guardados dos padrões do "mundo". O perdão acessa as três estruturas que formam o ser humano. Ele é espiritual, emocional e racional, pois faz parte da alma e é manifestado no corpo físico.

Ao longo da minha jornada, a fim de me tornar a mulher que Deus me fez para ser, a fim de identificar e viver o meu propósito neste mundo e entregar a minha melhor versão a Deus, às pessoas que amo e ao mundo, precisei passar pelo processo do perdão muitas e muitas vezes. Aliás,

Viemos ao mundo como um livro em branco, e a nossa história começa a ser escrita desde a hora da nossa concepção.

NOVOS FRUTOS
@camilavieira

continuo vivendo o perdão e acredito que necessitaremos dele enquanto estivermos vivos.

Mais uma vez, vou abrir o meu coração para ajudá-lo. Preciso falar sobre uma armadilha em que caí durante um bom tempo e que atrasou o meu processo de transformação. Por anos, concentrei toda a minha atenção nas memórias de dor que eu tinha com experiências ruins de muita crítica, impaciência, surras, castigos e outras coisas vindas exclusivamente da minha mãe. Em todos os exercícios que fazia, o foco sempre era a minha mãe. Evoluí muito na transformação das minhas crenças sobre mim, sobre o que eu merecia usufruir na minha vida e, aos poucos, uma nova e forte identidade ia se formando. Porém, existiam problemas no meu casamento, coisas que o Paulo via em mim com as quais, por mais que eu já tivesse mudado tanto, ainda não conseguia romper. Isso aconteceu até que a minha coach, Margô Rahhal, com muita maestria, mudou o foco da minha mãe para o meu pai. Eu dizia: "Amiga, mas ele é maravilhoso. Nunca gritou comigo, nunca me criticou, sempre me chamou de 'minha filha amada'". Ele foi o meu primeiro grande amor – eu o chamava e ainda o chamo assim.

Ela me fez as perguntas certas, e muitas memórias vieram à tona. Então, ficou muito claro que também existiam feridas emocionais abertas causadas por situações com o meu pai e que, por não as reconhecer, não poderia cuidar delas, curá-las, acelerar o processo de transformação do meu caráter e, principalmente, mudar o modo como eu olhava o meu marido.

Meu pai foi muito amoroso, mas extremamente omisso na nossa educação. Passivo demais, deixou o peso todo sobre as costas da minha mãe. E eu ainda a vi sofrer algumas vezes por rumores de adultério dele. Por atitudes irresponsáveis do meu pai, perdemos tudo financeiramente, e isso causou dores e problemas para todos nós. Fomos humilhados e nos sentimos inseguros. Minha mãe detestava bebida alcoólica, mas, mesmo assim, o meu pai bebia bastante, e a casa vivia cheia de homens e bebidas.

Talvez você esteja se perguntando por que neguei por tanto tempo os prejuízos na minha estrutura emocional gerados pelos comportamentos do meu pai. Sinceramente, acho que porque, na minha mente e com o sentimento que tinha quando era criança, a minha mãe virou a "durona" e o meu pai, o "bonzinho". Permaneci presa nessa narrativa infantil por mais tempo do que eu gostaria. Foi só quando curei as feridas emocionais causadas também pelo meu pai que acessei um novo lugar de mulher, mãe, empresária próspera financeiramente e, sobretudo, esposa.

Conto tudo isso para que você saia agora de toda e qualquer armadilha contra o seu processo de transformação; de toda e qualquer narrativa infantil que protege o seu herói ou a sua heroína da infância. Para que possa, por meio da verdade e do perdão, curar as suas feridas, ter o seu comportamento diante do que o ofende totalmente mudado, parecer-se um pouco mais com quem Deus o fez para ser e viver a vida que você e os seus merecem.

A Palavra de Deus fala que devemos honrar os nossos pais para que os nossos dias sejam prolongados na Terra e tudo nos vá bem. Prometo-lhe que só conseguirá honrar plenamente os seus pais quando for capaz de olhar para a própria história com verdade e misericórdia, perdoando o que precisa ser perdoado. Lembre-se sempre de que, se eles erraram com você, devem ter sofrido muito mais na criação que receberam de seus avós. Existe uma frase que diz que "somos vítimas de outras vítimas", mas prefiro dizer que só somos vítimas enquanto não perdoamos. Depois que somos capazes de perdoar, somos livres para amá-los e honrá-los como agrada a Deus e, assim, viver as promessas. O perdão não só o liberta para ser feliz e bem-sucedido em tudo o que fizer, como liberta os seus pais para viverem o mesmo. Você e eles merecem.

E não estou falando de perdão apenas a pai e mãe quanto a dores do passado. Descobri na prática que as pessoas de quem guardamos rancor provocam em nós os nossos piores comportamentos, e por isso geramos com essas pessoas os nossos piores frutos. Vivi uma dor muito grande há aproximadamente dezessete anos. Uma pessoa que amo e com quem terei que conviver para sempre fez algo que me feriu profundamente.

Na época, chorei, sofri, não compartilhei a minha dor com absolutamente ninguém e tomei a decisão de que era melhor esquecer o assunto para continuar vivendo em paz. O que imaginava era que "esquecer o assunto" seria suficiente para essa dor morrer na minha vida e não me causar mais danos, mas eu estava completamente errada.

Ao longo do tempo, essa pessoa – que eu pensava já ter perdoado, afinal de contas nunca mais toquei no assunto e nem me lembrava do que tinha acontecido – passou a ser uma das que mais acessavam a minha pior versão. Ela me irritava como ninguém, me ofendia como ninguém, com ela a minha impaciência surgia, muitas vezes eu era irônica, cruel e ríspida.

Quantas vezes pedi a Deus que me ensinasse a conviver com ela sem ter esse tipo de comportamento, sem acessar a versão de uma mulher que eu estava decidida a arrancar de dentro de mim! Eu não conseguia entender por que me esforçava tanto para acertar, mas de repente me via sendo quem eu não nasci para ser e a tratando como eu não tratava mais ninguém nesta vida.

Mais ou menos dois anos atrás, em 2023, em uma sessão de coaching, a Margô olhou para mim e me perguntou o que tinha guardado no meu coração em relação a essa pessoa. Prontamente respondi: "Nada". Ela disse: "Mentira! Se não fosse nada, você não viveria mordendo todas as ofensas e agindo como não age com mais ninguém. Existe mágoa e rancor nesse coração, e só quando você reconhecer que ainda não perdoou de verdade, só quando parar de minimizar a sua dor, fingindo que nada aconteceu, será libertada e poderá agir com sabedoria e amor em todas as situações e lugares da sua vida". Aquele entendimento e a ferramenta que usei para tirar a dor que estava escondida "debaixo do tapete" me libertaram, e as minhas atitudes foram radicalmente transformadas depois disso.

Este é um convite para você começar a se libertar de tudo o que hoje o impede de viver uma vida plena e cheia de bons frutos. Agora você tem clareza de que existem alguns gatilhos de ofensa no seu coração, e que a forma como você tem agido e reagido diante dessas ofensas tem trazido prejuízos em muitas áreas da sua vida. E é por esse motivo, por esse entendimento, que vou desafiá-lo a jogar a dose certa do antibiótico certo e pelo tempo certo nas suas feridas, para ser curado.

Desafio do antibiótico

Nas linhas da próxima página, escreva o nome da pessoa que mais o tem ofendido e trazido à tona a sua pior versão. Em um caderno ao qual só você tem acesso, é possível reproduzir este exercício, colocando o nome

de mais pessoas que têm gerado reações emocionais desproporcionais em você e respondendo às perguntas a seguir.

Nome da pessoa: _____

Quais são os comportamentos dela que mais o ofendem?
_____
_____
_____
_____

Como você tem reagido quando se sente ofendido?
_____
_____
_____
_____

Quais são os prejuízos que tem na sua vida hoje por suas reações e seus comportamentos? Pense em todas as áreas da vida: financeira, emocional, conjugal, saúde física, espiritualidade etc. Seja específico quanto aos prejuízos.
_____
_____
_____
_____

Olhando para o passado, quais foram os erros e as falhas dessa pessoa contra você que supõe já ter perdoado, mas quando se lembra do fato ainda sente dor no coração?
_____
_____
_____
_____
_____

Agora que tem o pleno entendimento da raiz das ofensas e dos prejuízos que têm causado, bem como das dores que as pessoas que você ama estão sentindo por causa deles, convido você a pegar uma folha de papel em branco e escrever uma carta. Vamos chamá-la de Carta da Libertação.

Nela, quero que abra o coração e coloque para fora a mágoa e o rancor que ainda estão guardados. Seja sincero consigo mesmo. Conte para esse papel tudo que aconteceu, quem o machucou e como você se sentiu. Coloque para fora da sua alma toda a dor que já sentiu e ainda sente pelo que aconteceu. Cite os prejuízos que isso já causou na sua vida. Nesse papel, pode chorar, gritar, colocar toda a fúria contida até hoje. Mas é só no papel. Essa carta não deve ir para as mãos de ninguém. Ela é a plataforma correta para você "lavar a alma" e se livrar da ferida aberta e dos prejuízos que ela causa até hoje.

Carta da Libertação

Após escrever tudo, sem reter nada, chegou a hora de ler a sua carta para Deus. Por mais que Ele saiba de absolutamente tudo o que você já viveu, que conheça o seu coração e esteja vendo os seus erros um dia após o outro por não ter perdoado ainda, conte para Ele. Abra o seu coração. Fale como se sentiu, explique a sua dor e imagine o Senhor na sua frente para que você possa falar o que nunca contou a ninguém. Ele é o confidente perfeito para ouvir o que hoje o impede de ser feliz e gerar bons frutos na sua vida, em todas as áreas.

Depois de o seu coração ter sido revelado a Deus, chegou a hora de decidir pelo perdão. Fale a Ele que você decide perdoar. Fale do desejo do seu coração de ser alguém diferente. Peça a Deus que envie o Espírito Santo à sua vida a fim de que você experimente a paz e o amor dos que sabem perdoar. Faça uma oração e, depois, é hora de mandar para o mar do esquecimento as memórias de dor que você colocou na carta. Pegue-a, procure um local seguro e queime-a até não sobrar absolutamente nada.

Agora, mais leve, celebre!

Celebre, pois a sua atitude emocional e espiritual fez com que você fosse libertado do que o prendia a todas as feridas emocionais e aos vícios de comportamento. Celebre, porque agora você está obedecendo a Deus, uma vez que quem não perdoa não pode ser perdoado (veja a oração do Pai-Nosso!). Celebre, já que o monstro que surgia eventualmente em você quando se ofendia perdeu forças e vai ser cada vez mais raro de encontrar. É só permanecer na jornada que, um dia após o outro, você vai se transformar em uma linda árvore frondosa e cheia de frutos perfumados e sadios.

E agora, para selar este momento, o último passo. Imediatamente após a decisão de perdoar por meio de todo o processo descrito aqui, o próximo passo para que as feridas da nossa alma sarem é colocar o curativo, a fim de deixar o local do machucado protegido e escondido. Na prática, isso é possível por meio das nossas narrativas, das histórias que eu e você contamos sobre o que nos aconteceu.

Narrativas são todas as coisas que falamos sobre o que nos aconteceu. Posso ter uma narrativa autorresponsável, trazendo aprendizado e gratidão pelas dores vividas; ou posso escolher uma narrativa de vítima do mundo e de todos, em que revivo a dor todas as vezes que penso e/ou falo sobre o assunto. Além de a narrativa errada manter a ferida aberta e exposta, causando novos prejuízos na nossa vida todos os dias, ela nos rouba a oportunidade de nos tornarmos melhores em meio aos nossos desafios.

Vamos usar novamente o exemplo da bela mulher que foi traída pelo esposo. Sabe por que ela seguia destruindo o próprio casamento ao ser uma esposa insuportável e relembrar o erro dele todos os dias? Porque não conseguia perdoar. E o que a impedia de perdoar era a sua narrativa de mulher traída. Só que essa falta de perdão e suas palavras amargas faziam com que quisesse ver o esposo "adúltero" sofrer ("Ele vai sofrer o que me fez sofrer", dizia ela enquanto conversava comigo). À medida que o maltratava e falava do pecado dele, revivia a dor da traição. Imaginava o tempo todo a cena da traição, via imagens na sua mente e ouvia as vozes; então, assim, seguia aumentando o tamanho da ferida da própria alma, destruindo a conexão com Deus, além da saúde emocional e física.

Eram destruidoras as sementes que essa mulher tão sábia e competente em algumas áreas da vida estava semeando no solo da sua família e do seu casamento. E, como de Deus não se zomba, ela estava caminhando para uma colheita ainda mais infeliz do que a traição inicial. Estava acumulando feridas e dores em si, no esposo e nas filhas.

Quando você olha hoje para a sua vida, reconhecendo aquilo que mais o ofende – ou melhor, ofendia, pois vamos considerar que já está no passado, agora que escreveu a Carta de Libertação e o perdão entrou em seu coração –, quais são as narrativas negativas que vinha usando até hoje e que o prendiam na cadeira de vítima sofredora, de magoado e fadado ao fracasso? Que falas mantinham as suas feridas abertas e doendo?

Mais uma vez, quero relembrar que o tolo fala do que vê, mas o sábio fala da vida que quer viver. O perdão foi o antibiótico usado para curar, mas as suas palavras serão o curativo que, dia após dia, vão manter o lugar limpo, protegido e sendo cicatrizado. A sua boca tem esse poder. Use-a para gerar vida, não a morte dos seus sonhos, da sua família e do seu propósito. Chega de agir como tolo.

Assim, quero parabenizá-lo pela sua entrega até aqui. Se pulou algum exercício sugerido, volte! Este livro não é para ser simplesmente lido. Ele é uma arma poderosa de transformação, e, para funcionar, você precisa viver a jornada e fazer absolutamente tudo o que está sendo solicitado, pois os exercícios carregam um propósito específico. Muito em breve, você colherá os novos e bons frutos das suas novas atitudes, em todas as áreas da sua vida.

Permanecer no propósito sempre será a chave de acesso para tudo o que Deus quer fazer em nossa vida e por meio de nós. Não pare o seu processo. Ele acontece todos os dias e é para sempre.

Tudo que nos ofende acessa a nossa pior versão. Só somos capazes de vencer quando conhecemos o que nos faz cair.

NOVOS FRUTOS

SEMEANDO

"Acima de tudo, guarde o seu coração, pois dele depende toda a sua vida."
– Provérbios 4:23

Você já se perguntou por que pessoas incríveis fazem coisas terríveis?

Como pode uma mulher que é uma profissional excelente, uma esposa tão sábia, uma mãe amorosa e que cuida da sua casa e dos seus filhos com tanto carinho e dedicação, se tornar uma fera, gritando e perdendo a paciência quando está conversando com a mãe dela? Como pode um homem tão brilhante como empresário, tão generoso com os familiares e amigos, ter traído a esposa e abandonado os filhos?

A verdade é que todos nós temos "feridas" em nossa alma. Quando "tocadas", elas acionam a nossa pior versão, e um "monstro" surge. Então falamos e fazemos coisas que não nos representam na maior parte do tempo e que destroem a nova vida de bons e novos frutos que estamos buscando construir.

Essas feridas emocionais existem em nossa vida por tudo o que vivemos no passado. Enquanto elas estiverem abertas, levarão à ofensa e tirarão de nós os nossos piores comportamentos. E isso compromete a nossa decisão de mudar a vida e passar a gerar novos frutos em todas as áreas. É como se, ao fazer as coisas certas, déssemos dez passos na direção da nossa visão de futuro e, quando algo nos ofende, déssemos cinco passos na direção contrária.

Em Romanos 7:19, o apóstolo Paulo disse: "Pois o que faço não é o bem que desejo, mas o mal que não quero fazer, esse eu continuo fazendo". Ele estava falando sobre a luta interna entre a carne e o espírito, algo que todos enfrentamos, e reconhece que, apesar de desejar fazer o bem, muitas vezes acaba cedendo ao pecado.

Com você também é assim? Ou será que isso só acontece na minha vida?

Reflita

As feridas emocionais só causam grandes prejuízos em nossa vida porque ainda não deixamos elas cicatrizarem, e o perdão é a chave para essa cura.

O perdão é essencial para quem deseja viver um processo real de transformação. Quando escolhemos guardar ressentimentos, ficamos presos ao que já passou e impedimos que Deus faça algo novo em nossa vida. Atenção: perdoar

não significa ignorar a dor ou fingir que nada aconteceu. Significa escolher a liberdade em vez do peso do passado.

Além de perdoar, precisamos ter atenção às histórias que contamos para nós mesmos. Se nos colocamos constantemente no papel de vítima, reforçamos nossas dores e nos mantemos presos ao passado. Mas, quando escolhemos aprender com as dificuldades e ressignificar as nossas experiências, abrimos caminho para um futuro renovado e cheio da graça de Deus.

Ações para colocar em prática

Reflita a respeito das questões a seguir e escreva as respostas em um caderno de anotações ou em um espaço no qual se sentir confortável.

1. O que mais ofende você? Quais situações tiram de você as suas piores reações?
2. Como você reage quando está ofendido?
3. Quais prejuízos essas reações causaram na sua vida até hoje?
4. Olhando as suas memórias do passado, quais pessoas o fizeram se sentir rejeitado, abandonado, humilhado, comparado, criticado etc.?
5. Entendendo que as suas feridas só serão saradas com perdão, escreva uma carta de perdão para as memórias de dores do passado, que estão ainda vivas em sua mente e causam dor quando você lembra. Nela, abra o seu coração, fale da sua dor, sobre como se sentiu e os prejuízos que essas feridas causam na sua vida até hoje. Na sequência, escreva na carta que você decide perdoar essa pessoa e escreva pelo menos dez motivos de gratidão que você sente por ela.

Oração

Pai amado, Senhor da minha vida, eu hoje venho diante de Ti para apresentar o meu coração. Peço perdão por ainda não ter sido capaz de perdoar as pessoas que me ofenderam, assim como o Senhor tem perdoado os meus pecados. Sei que tudo o que colho na minha vida é resultado daquilo que semeio, e compreendo que não posso ter uma colheita abundante se meu coração continuar ferido, endurecido ou cheio de mágoas.

Peço que o Teu amor penetre as áreas mais profundas da minha alma, curando feridas, dissolvendo ressentimentos e restaurando aquilo que foi

quebrado. Ensina-me a perdoar, assim como fui perdoado por Ti. Sei que o perdão não apaga a dor do passado, mas me liberta do peso que carrego. Quero escolher a liberdade, em vez da prisão das mágoas, e quero abrir espaço para o novo que tens preparado para mim.

Ajuda-me a vigiar os pensamentos e as histórias que conto a mim mesmo. Que eu não me veja como vítima das circunstâncias, mas como alguém capaz de crescer e ressignificar cada experiência com a Tua graça. Renova a minha mente, Senhor, e alinha o meu coração com os Teus propósitos.

Que as minhas palavras, as minhas atitudes e as minhas escolhas sejam reflexo de um coração transformado por Ti. Eu creio que, ao cuidar do meu interior, verei os frutos dessa mudança em todas as áreas da minha vida. Amém!

Faça parte de algo maior: torne-se um semeador!

O Projeto Semeadores da Plenitude surgiu com um propósito muito claro: espalhar transformação e esperança, assim como Deus colocou em meu coração. Inspirado no devocional *Plenitude*, esse movimento já cruzou fronteiras, conectando milhares de pessoas dispostas a plantar sementes de mudança.

E eu quero convidar você para viver isso também! Ao se tornar um Semeador, você compartilha a Palavra de Deus, mas também cresce, amadurece e experimenta um novo nível de fé. Cada encontro é um terreno em que milagres podem florescer!

Essa rede de semeadores está se expandindo, e você pode fazer parte dessa missão! Escaneie o QR code e venha semear conosco. A colheita que Deus tem para sua vida será grandiosa!

febra.site/videocamila02

O perdão é o único que pode libertar você para ser verdadeiramente feliz e forte emocionalmente.

NOVOS FRUTOS
@camilavieira

NASCEMOS PARA SER FRUTÍFEROS, E NÃO PARA SER ARRANCADOS E JOGADOS FORA

Independentemente da nossa história, do lugar do mundo em que nascemos, da estrutura familiar que tivemos, das dificuldades e limitações que já vencemos até aqui ou até mesmo das guerras que ainda acontecem em nossa vida, há um decreto sobre nós. Existe uma verdade que vai além do nosso entendimento humano e limitado. Esse decreto afirma que eu e você fomos criados para frutificar. Fomos criados para dar muitos frutos, e não de qualquer tipo. Fomos feitos para gerar bons frutos, os frutos perfeitos que falam de quem Deus nos fez para ser.

Mas não conseguimos colher uma manga de uma bananeira, concorda? A bananeira foi criada para produzir muitas bananas. Todas saborosas, nutritivas e belas. Dessa mesma forma somos nós: quando nos criou, Deus nos fez para gerar bons frutos que falem da nossa identidade e de quem fomos criados para ser.

No livro de Lucas (13:6-9), Jesus ensina o arrependimento e a mudança de vida e usa a seguinte parábola: "Um homem tinha uma figueira plantada em sua vinha. Foi procurar fruto nela, e não achou nenhum. Por isso disse ao que cuidava da vinha: 'Já faz três anos que venho procurar fruto nesta figueira e não acho. Corte-a! Por que deixá-la inutilizar a terra?'. Respondeu o homem: 'Senhor, deixe-a por mais um ano, e eu cavarei ao redor dela e a adubarei. Se der fruto no ano que vem, muito bem! Se não, corte-a'".

Existem muitas reflexões e aprendizados que podemos extrair dessa história, mas quero chamar a atenção para o contexto em que Jesus a citou. Ele estava ensinando aos que o seguiam que era necessário um verdadeiro arrependimento. E o que é o verdadeiro arrependimento? É a mudança de comportamentos que resultará, após o tempo devido, em novos frutos, nova colheita e novos resultados.

Então, olhando para essa parábola e o que ela representa, vejo alguns "personagens" e "elementos" dentro do contexto explicado. Por exemplo, vejo o dono da vinha, aquele que pagou o preço pela terra e pela vinha, que mandou plantar a figueira e que tem expectativas de colher figos dessa árvore. Em nossa vida, podemos entender que o dono da vinha é o nosso Deus, o Todo-Poderoso, o Criador de céus e Terra e de tudo que neles há. Ou seja, criador da figueira, da vinha e criador da sua vida. Como dono e criador, Ele tem uma expectativa sobre o que a sua criação precisa produzir e quais frutos devem ser gerados por meio de cada um de nós. Reforçando: eu e você, bem como tudo o que há na Terra, fomos criados para um propósito específico. E essa é a expectativa do "dono da vinha" sobre a nossa vida.

Veja que ele diz: por três anos seguidos, chegou e não conseguiu colher nada da figueira que havia colocado na vinha. Como ela não estava cumprindo o seu propósito, devia ser arrancada e jogada fora. Então faz uma pergunta: por que deixar a figueira tornar a terra inútil? Sei que pode ser difícil refletir sobre isso, mas coloque amor em minhas palavras: essa figueira é a minha vida – e a sua também. Do que adianta eu viver nesta terra e os meus resultados (meus frutos) não serem aquilo que fui criada para produzir? Do que adianta eu ocupar a terra sem gerar bons frutos e cumprir o meu propósito aqui?

Quando leio o livro de Lucas, capítulo 13, e de João, capítulo 15, tenho a convicção de que preciso caminhar todos os dias da minha vida em consciência sobre o que tenho semeado, quem tenho me tornado e os frutos que estou gerando. Só assim poderei viver sendo quem fui criada para ser, gerando frutos apropriados para cada estação e experimentando a promessa de Jesus para mim.

Vamos falar muito mais sobre isso ao longo deste capítulo. Agora, imagino que você esteja se perguntando algo parecido com isto:

- Como posso gerar bons frutos?
- Como posso permanecer nesse lugar de frutificação?
- Como posso produzir bons frutos na mesma medida que fui criado para frutificar?

Respostas provavelmente estão sendo geradas em sua mente (a partir da razão) e em seu coração (a partir da emoção) desde o primeiro capítulo deste livro, quando entendeu as suas atuais colheitas, tudo o que precisava de transformação em sua vida, o que são as sementes e a importância de o solo ser sarado (ou seja, o que precisava mudar em sua alma e em seu coração). Neste capítulo, contudo, quero ir mais fundo no entendimento do solo correto para uma verdadeira transformação de vida e de resultados. Para isso, vamos voltar à parábola.

Quando o dono da vinha dá ordem para cortar a figueira estéril, o jardineiro faz um pedido: "Senhor, deixe-a por mais um ano, e eu cavarei ao redor dela e a adubarei. Se der fruto no ano que vem, muito bem! Se não, corte-a". Chego a me emocionar lendo isso, pois vejo exatamente o papel de Jesus na minha vida, dizendo: "Camila, vou lhe dar mais um ano para você ser transformada de uma árvore estéril (que gera frutos podres) em uma árvore frutífera (que gera os frutos que foi criada para gerar). Mas nesse um ano você não estará sozinha. Vou cuidar do ambiente da sua transformação. Vou preparar o seu solo e o seu coração. Vou abrir buracos ao seu redor e colocar os nutrientes certos para que, passado o tempo necessário, você venha a ser quem Deus a fez para ser. Para que os seus frutos falem da sua verdadeira identidade e que possa permanecer na vinha em que foi plantada. Mas, principalmente, agradando ao seu Senhor". Ele me deu mais tempo.

Na agricultura, a prática de cavar buracos é usada para acelerar o crescimento da planta por meio do acúmulo de água e oxigênio, mesmo em lugares de terra seca. Olhando a minha jornada até aqui, posso reconhecer quanto o jardineiro cavou buracos, muitos deles em meu coração. E, se hoje você tem este livro em suas mãos e pode ser edificado por meio dele, é porque os buracos têm funcionado e não fui arrancada, mas aprendi o caminho para frutificar. Aproveito para deixar claro que este processo precisa ser eterno. A única forma de continuar gerando os novos e certos frutos é permanecer nas mãos do jardineiro e aceitar que o solo seja nutrido e cavado constantemente. Para cada nova safra, existe um novo preparo, um novo processo.

Assim, olhando todo o processo de tratamento que a minha alma precisou viver para que o meu caráter fosse transformado, percebo que existiu uma chave que foi – e ainda é – crucial em minha jornada. É uma chave poderosa de acesso, a mesma que pode abrir uma porta que nos leva a uma vida de dores e fracassos em quase todas as áreas ou pode abrir a porta da mais profunda transformação e nos levar à vitória, a uma vida cheia de lindos bons frutos. A chave é a culpa.

Mas o que é a culpa? É o sentimento que inunda a nossa alma quando reconhecemos as dores e os prejuízos que as nossas escolhas (atitudes e palavras) causaram em nossa vida e na de outras pessoas. A culpa é o primeiro sentimento que toma conta de nós após o estágio da consciência sobre quem vínhamos sendo e os resultados ruins gerados pelos nossos comportamentos. E, como não podemos fugir da consciência para viver uma vida alinhada com o que nascemos para ser, fazer e conquistar, a culpa sempre existirá, e precisamos aprender a tirar proveito dela em nossa vida.

Em agosto de 2017, quando o Paulo pediu o divórcio, o meu primeiro movimento foi buscar ajuda para entender quem eu tinha me tornado, que mulher era aquela que ele via em mim e eu não enxergava. Com a maturidade e o entendimento que tenho hoje, preciso confessar a você que o que eu queria mesmo naquele momento era um remédio para que a dor que eu estava sentindo passasse. Queria uma solução para o problema em que estava envolvida. Tinha pouca consciência dos meus erros e nenhuma ideia do que aconteceria quando eu deixasse o jardineiro fazer os buracos no solo para que eu pudesse frutificar.

Saí em busca de uma solução, mas não imaginava que ela passaria por uma completa transformação de mim mesma. Por isso, vou ensinar a você mais sobre a culpa e, principalmente, como se livrar dela. Quero fazer isso, assim como em outros momentos, trazendo a minha história, pois acredito que ela tocará o seu coração.

No mesmo mês do pedido de divórcio, fui para a Estância Paraíso, em Belo Horizonte, em busca de respostas e socorro, para um treinamento que a minha irmã e alguns amigos haviam me recomendado. Cheguei ao Moriá no estágio zero da minha jornada de transformação. Cheia de orgulho, completamente cega sobre os meus erros e pecados, vestida de uma máscara de perfeição, santidade e autossuficiência quase impenetrável. A vida inteira presa em uma fantasia de Mulher-Maravilha, de mulher quase perfeita, sempre buscando desesperadamente aprovação e elogios para me sentir alguém de valor, mas com um caráter corrompido e valores deturpados. E tudo isso estava escondido atrás de uma vida supostamente cristã; afinal de contas, eu tinha vinte anos de convertida, era líder de casais na igreja e estava à frente de outras atividades.

Esse era o meu estado. Logo nas primeiras ministrações, entregaram uma folha de papel com um formulário para preenchermos. Precisávamos descrever erros que tínhamos cometido em nossa vida. Por fim, o formulário pedia que eu assinalasse se já havia mentido, me masturbado, tido relações sexuais antes do casamento, visto pornografia, tido pensamentos sexuais ilícitos, praticado suborno, adultério (o ato ou pensamentos), tido práticas de automutilação, vícios de drogas, uso de álcool, bem como se já havia consultado cartomantes, feito ou ajudado abortos e muitos outros comportamentos ruins que precisava reconhecer para colocar luz no que estava encoberto como o primeiro passo para a minha jornada de transformação.

Lembro-me de que vivi uma guerra feroz na minha mente. Foi o primeiro choque de realidade entre a falsa e santa Camila que eu tinha convencido até a mim mesma de que eu era e a Camila verdadeira, suja, pecadora e necessitada de transformação. Devo ter sido a última pessoa da sala a entregar o formulário, por causa da luta interna por reconhecer aquilo e, pior, saber que alguém leria tudo que eu estava confessando e pensaria algo ruim sobre mim. Para conseguir confessar os meus erros e pecados naquele papel, tive que ler algumas vezes todos os comportamentos listados e calar o diálogo interno que queria justificar por que eu cometi ou ainda cometia cada um deles. Vinham pensamentos que diziam: Fiz, mas foi há muitos anos... Eu era uma menina... Nessa época eu não conhecia Jesus... E muitas outras narrativas miseráveis tentando me manter no lugar da derrota. Entretanto, só quando sou capaz de olhar a verdade nua e crua sobre mim e sobre os meus erros é que terei um solo sarado na minha vida para me tornar quem fui criada para ser.

O segundo estágio, bem mais dolorido que o primeiro, foi um atendimento individual. Fui recebida por duas lindas mulheres de Deus, que estavam com minha ficha de erros nas mãos e tinham lido tudo. Acredito que essa foi a primeira vez na minha vida que me senti completamente fora do controle. Tive vontade de sumir, de tão forte que estava sendo a dor para sair de trás da máscara da mulher perfeita. Hoje, vejo quanto fui orgulhosa e superficial naquele dia, quanto tentei justificar os meus erros e o meu desvio de caráter, quanto fui invulnerável e, por que não dizer, mentirosa. Quando me lembro daquele dia, eu me vejo como uma mulher que saía de casa com vestido curto e, no momento em que percebia que estava dando brecha ao se sentar, fechava as pernas e o puxava de um lado, mas, à medida que puxava, o outro lado voltava a ficar descoberto. Você já se sentiu assim? Se sim, você entende o que estou tentando descrever.

O verdadeiro arrependimento é manifestado por meio da mudança de comportamento. Após o tempo devido, virão novos frutos, nova colheita e novos resultados.

NOVOS FRUTOS

@camilavieira

A verdade é que o meu primeiro exercício, no primeiro lugar da minha jornada de transformação espiritual, me trouxe um choque de realidade. Cheguei em busca de algo que eu pudesse fazer para mudar a decisão do meu marido de acabar com o nosso casamento e saí de lá consciente de que a situação não tinha a ver com o meu marido, muito menos com o que eu poderia fazer, mas com quem eu vinha sendo e quem eu precisava ser para mudar tudo na minha vida, inclusive o casamento. Entendi que aquele problema na minha relação era também o caminho que Deus havia escolhido para me atrair ao lugar da transformação que eu precisava viver.

E onde entra a culpa nessa história? Ela veio forte em meu coração a cada descoberta sobre os meus erros e desvios de caráter. Cada escama que caía dos meus olhos era uma nova porção de culpa que enchia a minha alma. Ela tomou conta dos meus pensamentos, sentimentos, palavras e atitudes. A cada passo de consciência que eu tinha sobre a minha forma autoritária de tratar as pessoas, a minha autossuficiência, vaidade, manipulação, as minhas mentiras, os meus comportamentos de desonra ao meu marido, entre muitos outros erros que pude reconhecer, tudo isso vinha carregado de uma voz da culpa dizendo que não tinha mais jeito, que, por mais que eu fizesse, não conseguiria voltar a ser feliz e ter paz na minha família, que era merecedora de tudo o que estava acontecendo e que era uma mulher indigna e sem valor. Sim, essa era a verdade. O que estava acontecendo era colheita das sementes semeadas por mim; afinal de contas, de Deus não se zomba.

Mas essa culpa, além de roubar a minha alegria e esperança, tinha um efeito ainda mais danoso, pois reforçava a crença que já existia em mim de não merecimento. Até porque quem é orgulhosa, vaidosa, manipuladora e mentirosa não merece ser feliz, não merece ter uma família feliz. Esse é o grande poder destruidor da culpa em nossa vida. Ela fortalece a convicção de que não merecemos e, por isso, entramos num ciclo eterno de autossabotagem.

Deixe então que eu conte um segredo sobre como a nossa alma funciona: eu e você fomos criados por Deus, à Sua imagem e semelhança, logo carregamos algo divino em nós. Mesmo que você não tenha plena consciência dos seus erros, mesmo que nunca verbalize que errou, que nunca confesse ou reconheça, ainda assim a sua alma sabe e diz para a sua estrutura emocional que você é culpado e, por isso, não merece ser feliz.

Você pode não confessar um adultério, mas sabe que está fazendo algo errado. Pode não confessar a sonegação de imposto, mas no íntimo sabe que está errado. Pode não admitir que tem sido impaciente com os seus pais e não tem conseguido tratá-los com amor e honra, sempre justificando as suas atitudes e afirmando que eles o provocam, mas, no seu coração, sabe que está agindo errado. Todas essas experiências erradas reforçam em nós a clareza do nosso não merecimento, afinal o culpado não merece coisas boas da vida. E é pela culpa que carregamos que a maioria de nós passa a vida inteira vivendo ciclos de autossabotagem e destruição.

Talvez você esteja vivendo ciclos de fracasso em alguma área da sua vida há alguns anos. Quando as coisas começam a melhorar, você toma uma decisão errada e volta ao lugar da dor. Você já viveu isso? Talvez isso esteja acontecendo no seu casamento, ou quem sabe na sua vida financeira. A verdade é que essas decisões erradas são tomadas por nós quando os nossos resultados alcançam o "teto" do nosso merecimento emocional. Veja que falei merecimento emocional. Da boca para fora, ou até racionalmente, você pode dizer que quer uma vida melhor, mas as suas emoções o fazem agir errado e o mantêm preso no lugar da dificuldade e do fracasso, como você entende que merece. Quando algo fica "bom demais", além do seu merecimento, você age para permanecer no lugar desafiador.

Comigo foi exatamente assim. Eu não conseguia entender o que acontecia. Quando o Paulo começava a dar sinais de que havia desistido do divórcio, quando ele estava mais feliz e falando sobre um novo futuro para nós, eu simplesmente dava um jeito de agir exatamente da maneira que o desagradava. Meu Deus, como podia ser assim? Mulher tola! Mulher que destrói a sua casa com as próprias mãos. Como isso podia acontecer? Vinha me esforçando tanto para mudar, fazendo treinamentos, lendo tantos livros, buscando Deus, tantos processos de cura e libertação espiritual... Como era possível que, mesmo depois disso tudo, eu ainda me visse agindo de modo errado e destruindo o meu casamento? Aquilo não parecia fazer sentido para mim. Várias vezes chorei, com muita raiva de mim, e cheguei a dizer a mim mesma que não tinha jeito e que jamais conseguiria me tornar uma mulher segundo o coração de Deus e capaz de fazer o meu marido feliz.

O que eu não entendia, por outro lado, era que a culpa que nascera com a consciência dos meus erros na transformação estava sabotando a jornada e

me afastando dos resultados que buscava. Para resolver isso, então, o foco do processo passou a ser me livrar da culpa para resgatar a minha identidade; só então eu conseguiria vencer os ciclos de autossabotagem e me tornar quem Deus me criou para ser. Só assim conseguiria frutificar e deixar o meu Senhor feliz.

E você, como está sendo a sua vida? A culpa o tem tornado uma máquina destruidora dos seus próprios sonhos? Que prejuízos um estilo de vida de autossabotagem tem gerado para você? Não posso ensiná-lo a se livrar da culpa sem antes trazer o pleno entendimento de todos os comportamentos existentes na sua vida hoje que roubam de você os bons frutos que nasceu para gerar por meio da sua vida.

Costumo dizer que a culpa gera em nós um estilo de vida suicida. Todos nós sabemos como alguém pode tirar rapidamente a própria vida com um ato único de suicídio, mas ninguém fala sobre esse outro jeito de se matar. Ele é mais lento, é um estilo de vida que nos leva também à morte: de sonhos, de projetos, de alegria, de paz, de propósito e até da própria vida.

Desse modo, quero que, com muita verdade, coragem e humildade, você marque um "x" em todos os comportamentos existentes hoje em sua vida que causam mortes e prejuízos em alguma área, além de impedirem você de frutificar aquilo que Deus o criou para frutificar.

	Comida em excesso	Palavras de maldição (reclamação, lamúrias etc.)
	Bebidas alcoólicas	Autossabotagem
	Cigarro	Procrastinação
	Drogas lícitas ou ilícitas	Falta de posicionamento
	Não dormir	Dependência emocional
	Sedentarismo	Falta de limites nos relacionamentos
	Estresse	Descontrole financeiro
	Sobrecarga de trabalho	Sentimentos tóxicos (inveja, rancor, medo e ciúmes)
	Solidão	Falta de perdão
	Tristeza	Outro
	Ódio	

A culpa sempre existirá, e precisamos aprender a tirar proveito dela em nossa vida.

NOVOS FRUTOS

@camilavieira

Nas linhas a seguir, descreva outros comportamentos e sentimentos presentes na sua vida que você reconhece hoje que têm adoecido a sua alma e o afastado da vida feliz e abundante que gostaria de viver.

_____

_____

_____

_____

_____

_____

_____

Passe mais uma vez a vista em todos os comportamentos de autossabotagem que você reconheceu em sua vida. Quero que entenda que eles existem pelo valor que você ainda não sabe que tem, pela culpa em seu coração e pela crença de não merecimento que ela reforça em você.

Agora que tem mais consciência dos hábitos e das escolhas, agora que tem mais clareza do estilo de vida que leva hoje, pense e responda: até quando você suportará uma vida assim? Até quando a sua saúde emocional aguentará administrar tanta frustração, ansiedade e medo? Até quando o seu corpo e a sua saúde sustentarão uma vida tão cheia de hábitos destrutivos? O que mais você precisa perder para decidir mudar? Tenho certeza de que, se você dedicar tempo adequado para refletir sobre essas perguntas, muitos entendimentos novos sobre você e a sua vida surgirão. Eles serão combustível para os próximos passos da sua jornada de transformação neste livro.

Então, sei que, olhando para tudo o que assinalou, você consegue entender um pouco mais da vida que vive hoje, dos resultados bons e ruins que tem tido em algumas áreas. Principalmente, agora sabe que, se permanecer nesse estilo de autodestruição, será como aquela árvore da história do início do capítulo, na qual o dono da vinha buscou por três anos um bom fruto e não achou, então decidiu que ela devia ser cortada para não ocupar de modo inútil um lugar na vinha.

Tenho certeza de que não foi isso o que Deus pensou para a sua vida, muito menos para a vida que você gostaria de viver. Mas é preciso clareza e entendimento das mudanças para que elas aconteçam.

Quando o jardineiro pede ao dono da vinha mais um ano para tratar o solo e nutrir a árvore a fim de que ela se torne frutífera, está dizendo que existe jeito para a minha vida e a sua. Está afirmando que há um caminho para todas as árvores que ainda não cumpriram a própria missão na Terra, e que só precisamos permanecer pelo tempo necessário na jornada de transformação e com os recursos necessários para ter um solo nutrido, ou seja, um coração humilde e constantemente sendo tratado.

Então a minha pergunta agora é: Você está pronto para iniciar o processo de curar e nutrir esse solo? Está pronto para os buracos que serão cavados ao seu redor a fim de que haja água e oxigênio suficientes para o processo de transformação? De agora em diante, este será o nosso alvo: nos livrar da culpa e do lugar de autossabotagem no qual ela nos coloca. A culpa é útil e necessária apenas para nos colocar em um lugar de verdade sobre quem vínhamos sendo e, assim, nos levar à mudança dos nossos comportamentos. Ela serve apenas para isso. Passado esse estágio, precisamos manter o nosso coração livre da culpa. Portanto, agora vou ensinar a você qual é o remédio que lava o nosso coração e o deixa livre de toda e qualquer autocondenação. Estou falando da **auto-humilhação**.

Todos os nossos erros vieram do orgulho que existe em nós, e a única coisa que vence o orgulho é a auto-humilhação. Só existe culpa pelos comportamentos que ainda não mudei na minha vida. **Só me condena aquilo que ainda faço de errado.** Quando me vejo fazendo as coisas certas, agindo com santidade, sabedoria e humildade, respeitando os princípios e as leis, imprimo em mim uma nova identidade, a de alguém que tem semeado as coisas certas e que, por isso, merece colher os bons frutos. A culpa perde a força no solo do meu coração, e as minhas atitudes de autossabotagem se tornam cada vez mais raras e menos intensas.

Em 2 Crônicas 7:14, vemos que: "Se o meu povo, que se chama pelo meu nome, se humilhar e orar, buscar a minha face e se afastar dos seus maus caminhos, dos céus o ouvirei, perdoarei o seu pecado e curarei a sua terra". O caminho para que nossa terra seja curada e nós sejamos capazes de frutificar as sementes certas que Deus nos fez para produzir em todas as áreas da nossa vida está descrito nesse versículo. E isso significa que, se eu me humilhar, reconhecer os meus erros e pecados para quem feri, se eu confessar para Deus em minhas orações e me afastar desses comportamentos pelos quais me arrependo, serei perdoado, e a minha vida será transformada.

Ao longo da minha jornada, vivi uma experiência que marcou a minha vida e foi como um acelerador no processo de transformação do meu caráter e resgate da minha real identidade. Para mim, esse momento materializou o que um dia Deus usou uma profeta para me ordenar: "Humilha-te! Humilha-te! Humilha-te!".

Foi uma experiência muito dolorosa e constrangedora, porém profundamente libertadora. E, como meu propósito com este livro é mostrar-lhe o caminho que tenho vivido até aqui para que você possa acelerar a sua jornada, aprender com meus erros e, principalmente, seguir os passos que têm funcionado para transformar a mim e os meus resultados, bem como para gerar novos e bons frutos por meio da minha vida, acredito que cabe contar essa história também.

Assim, considero o primeiro grande "humilha-te" da minha jornada o dia em que me confrontei com a verdade sobre quem eu vinha sendo e sobre os meus erros e pecados. Já estava há alguns meses buscando ajuda, fazendo treinamentos, tendo imersões espirituais e lendo muitos livros sobre ego, rejeição, orgulho, honra e todos os outros temas que acreditava que mudariam a minha mente, as minhas emoções, o meu espírito e, assim, o meu caráter. Em uma conversa com o Paulo, que nessa época ainda não estava certo de que eu seria capaz de mudar completamente os meus comportamentos de desonra e desrespeito no casamento, ele comentou que achava que eu só venceria o orgulho que estava destruindo a minha vida quando fosse capaz de olhar para meus erros e pecados sem justificar, minimizar e tentar explicar. Ou seja, quando fosse capaz de reconhecer a verdade nua e crua, de me arrepender e de pedir perdão. E, para reforçar essa direção dada pelo Paulo, tinha ouvido da pastora Ezenete que o inimigo de Deus, o diabo, usava os nossos pecados não confessados e não abandonados como autorização para destruir as nossas vidas. Esses dois comentários me levaram a viver o primeiro "humilha-te". Confesso que me dispus a fazer isso de todo o meu coração, mas não tinha ideia do poder que essa decisão teria sobre mim.

Em um sábado à noite, lembro que o Paulo estava viajando a trabalho e coloquei os nossos três filhos para dormir. Armei uma rede na varanda do andar de cima da nossa antiga casa em Fortaleza, peguei uma pequena caderneta vermelha em branco, uma caneta e levei comigo um ardente desejo do meu coração de mudar e sair da dor que eu estava vivendo. Naquela noite, fiz uma oração. Disse: "Espírito Santo de Deus, esta noite quero confessar e me arrepender de todos os meus pecados contra o Senhor, todos os meus erros com o meu esposo, os meus filhos e demais pessoas que já feri na minha vida. Por favor, Senhor, traga à minha memória tudo o que fiz de errado, aquilo de que até hoje não tinha plena consciência, ou de que tinha, mas nunca me arrependi e pedi perdão".

Depois da oração, comecei a escrever. Parecia que o portal das memórias havia sido aberto à minha frente. Meus Deus... Fui levada em memória de volta para os 12 anos, quando achei revistas de pornografia no banheiro do meu pai e passei a olhar escondida aquelas imagens; depois, aos 13 anos, quando conheci a masturbação e isso passou a ser um hábito na minha adolescência; por fim, voltei aos 15 anos, usando um minúsculo biquíni de lacinho vermelho para desfilar em um concurso de garota da praia. Recordei-me do primeiro namoro, do segundo, da faculdade, das festas, das mentiras, das roupas e dos perfumes usados para chamar a atenção dos homens e do vício em seduzir. O vício da sedução era muito forte em mim e, ao mesmo tempo, muito "cego", pois sempre me "vendi" como uma jovem muito santa, afinal só queria ser admirada, não ficava me agarrando com ninguém, e os meus namoros foram poucos, sérios e duraram muito tempo. Não bastasse usar a sedução, ainda me enganava, julgava os outros e me sentia superior às meninas que bebiam e ficavam com garotos em festas, já que eu não fazia isso. Misericórdia! Quanta hipocrisia...

Quanto mais escrevia, mais as memórias saltavam à minha frente; então, eu as resgatava e registrava cada uma na caderneta vermelha. Lembrei-me de como conheci o Paulo, como eu me vestia na época, como foi o início do nosso namoro, o início do casamento... Enxerguei a minha falta de submissão e de cumplicidade, quanto sempre o tratei com menos carinho, amor e sexo do que ele merecia e queria receber. Percebi todo o meu egoísmo e quanto eu o manipulava para que tudo fosse do jeito que eu queria, sempre reclamando quando as coisas não eram exatamente como eu tinha planejado. Reconheci alguns dos meus vários comportamentos de desonra e desrespeito.

Lembro-me de já estar chegando ao fim das páginas da caderneta vermelha e que sentia muito nojo de mim mesma. Sentia até mesmo vontade de vomitar. Como podia ter vivido quarenta e três anos tão cega sobre mim mesma? Como o orgulho, a vaidade, o medo da rejeição e das críticas, a necessidade de elogios, a falta de clareza do meu valor pessoal e muitas outras coisas tinham adulterado tanto o meu caráter? Como podia estar convertida há mais de vinte anos, dentro da igreja de Jesus, ouvindo a pregação da Palavra de Deus, e nunca ter vivido o verdadeiro arrependimento?

O orgulho realmente tinha roubado a minha consciência, me impedido de me arrepender e, assim, mudar. Mas, naquela noite, algo poderoso estava acontecendo dentro de mim. A verdade que liberta tinha entrado como uma espada em meu peito. Pude, pela primeira vez, enxergar a mim mesma sem as máscaras da mulher perfeita, da mulher de alta performance, da mulher "muito santa" e autossuficiente que dá conta de todas as coisas sozinha e que nunca pode mostrar os seus erros e as suas fraquezas. Na mesma proporção da dor que estava sentindo, sentia também como se algemas tivessem sido retiradas dos meus punhos; e correntes, dos meus pés. Estava me libertando da culpa.

Vi o dia amanhecer de dentro daquela rede, e as minhas lágrimas marcaram muitas páginas da pequena caderneta vermelha, mas o novo dia inaugurou uma nova e importante estação da minha jornada.

Então, quando cheguei à última linha, à última página da caderneta vermelha, lembro-me de que fiquei de pé e fiz uma nova oração para Deus. Disse: "Pai, aqui estão alguns registros dos meus comportamentos que entristeceram o Seu coração. Peço perdão por eles(citei todos, um por um). Pai, venho hoje, diante de Ti, reconhecer que pequei, que causei dor no meu marido e em outras pessoas da minha vida, incluindo os meus filhos. Pai, peço que o Senhor me perdoe, assim como diz na Sua Palavra no livro de 1 João 1:9, 'Se confessarmos os nossos pecados, ele é fiel e justo para perdoar os nossos pecados e nos purificar de toda injustiça'. Senhor, guarde o meu coração, revele para mim qual mulher o Senhor me fez para ser e me sustente na minha decisão de me tornar essa mulher. Arranque a culpa que sinto hoje no meu coração. Que o Seu incompreendido amor por nós naquela Cruz sare as feridas da minha alma e mude a minha vida. Peço isso em nome de Jesus".

Ao terminar a minha confissão a Deus, com cada pecado anotado, de modo sobrenatural um peso absurdo tinha sido removido do meu peito. Pela primeira vez desde o pedido de divórcio, consegui olhar para o meu futuro com esperança e paz. Esse é o poder da confissão e do arrependimento sincero. São atitudes que nos colocam em um lugar de perdão, e assim começam a arrancar a culpa do nosso coração, diminuindo os comportamentos de autossabotagem que nos mantêm no ciclo da destruição, da dor e do fracasso.

Aquele dia foi um grande marco na minha jornada de transformação, e é por isso que quero caminhar para o fim deste capítulo com a proposta de que você faça o mesmo. Nunca existirá uma vida cheia de propósito para você sem a consciência do que precisa de transformação e o sincero arrependimento. É preciso trazer à luz todas as palavras, escolhas, atitudes e sentimentos que têm gerado prejuízos e dores no seu casamento, nos seus filhos, na sua vida profissional e financeira, na sua saúde física e emocional e até mesmo na sua conexão com Deus. Traga à luz tudo o que tem enchido o seu coração de culpa e mantido você no estilo de vida de autodestruição, como já constatou no início deste capítulo. Tudo o que tem tirado a possibilidade de o seu coração ser um solo fértil, nutrido e propício a fim de que os planos de Deus para a sua vida se cumpram.

Assim como eu, você foi criado para um propósito específico e único. Nem eu, nem mais ninguém pode fazer o que o Senhor pensou para a sua vida quando o formou no ventre da sua mãe. Consigo imaginar Deus na expectativa pelo dia que eu e você experimentaremos a plenitude do que Ele preparou para nós. A verdade, contudo, é que a "parte" do Pai já está pronta desde sempre, cabe a nós nos alinharmos para pegar o que foi criado para a nossa vida.

Em minha caminhada, li um livro incrível chamado *Chaves para a economia do céu*. Nele, Shawn Bolz explica que no reino espiritual já está tudo pronto, e o Senhor só aguarda que Seus filhos se coloquem em um lugar de verdade, quebrantamento de coração e alinhamento com a vontade de Deus para liberar todos os recursos (emocionais, financeiros, físicos, espirituais e cognitivos) para que os projetos Dele aconteçam nesta terra.[4]

Eu quero muito ouvir do dono da vinha, quando Ele voltar daqui a um ano, tempo que o jardineiro pediu para tratar o solo, que sou uma figueira que o agrada muito, que sou útil na terra em que estou "plantada", pois Ele chegou e me encontrou lotada de lindos e perfumados novos frutos desta vez. E imagino que o seu coração deseje o mesmo.

Então, meu amigo ou minha amiga, deixe o "jardineiro", com amor, mexer em tudo o que está precisando de transformação dentro do seu coração. Deixe-o colocar luz para que possa arrancar o que hoje está matando você. Uma vez limpo o solo, ou seja, o seu coração, saiba que existirá espaço para o que é justo, verdadeiro e bom na sua vida.

Separe um tempo, a sua caderneta e uma caneta, mas, principalmente, separe a verdade do seu coração para um passo importante na sua jornada de transformação rumo aos novos frutos que você vai multiplicar nesta terra.

E, mais uma vez, parabéns por chegar até aqui. Tenho a plena convicção de que, se leu com atenção, se olhou para a própria vida com coragem, verdade e humildade, e se fez todos os exercícios propostos, você já não é a mesma pessoa do primeiro dia de leitura deste livro. A melhor parte é saber que ainda estamos nos passos iniciais da nossa jornada, e momentos ainda mais poderosos estão por vir.

---

[4] BOLZ, S. **Chaves para a economia do céu**. Brasília: Chara, 2017.

A culpa
é útil apenas
se levar você
à mudança de
comportamento
e à transformação
de vida.

NOVOS FRUTOS
@camilavieira

SEMEANDO

"Então contou esta parábola: Um homem tinha uma figueira plantada em sua vinha. Foi procurar fruto nela, e não achou nenhum. Por isso disse ao que cuidava da vinha: 'Já faz três anos que venho procurar fruto nesta figueira e não acho. Corte-a! Por que deixá-la inutilizar a terra?'. Respondeu o homem: 'Senhor, deixe-a por mais um ano, e eu cavarei ao redor dela e a adubarei. Se der fruto no ano que vem, muito bem! Se não, corte-a'".

– Lucas 13:6-9

Eu e você somos como essa figueira. Fomos criados e enviados para esta terra com um propósito específico de gerar muitos frutos, e não é qualquer fruto, é um bom fruto específico. Essa convicção precisa ser fortalecida para não nos contentarmos com uma vida disfuncional, cheia de dores e dificuldades e, principalmente, com um coração amargurado. Se não, a nossa boca e as nossas atitudes semearão crítica, impaciência, desonra, desrespeito, grosseria, vitimização, prepotência e muitas outras coisas ruins que mantêm nossa vida em um ciclo eterno de derrotas.

Como a nossa natureza vem do Senhor, todas as vezes que agimos de modo errado, mentimos, adulteramos, perdemos o controle das nossas emoções e falamos o que não devíamos, sempre que somos dominados por um vício ou uma compulsão a nossa essência sabe que estamos errados. Mesmo que você não verbalize e não confesse, no seu íntimo você sabe que está errado, e toda pessoa que está no erro se sente culpada, e a culpa é o maior gatilho de autossabotagem que existe na nossa vida.

O culpado não merece ser feliz, não merece ter uma família linda cheia de amor e respeito, não merece uma carreira brilhante e uma vida financeira próspera. Quando algo bom está prestes a acontecer, o culpado dá um jeito de cometer outro erro para se afastar dos bons resultados.

A culpa é útil para nos levar ao arrependimento, confissão dos nossos erros e mudança de comportamento. E esse é o meu convite para você hoje.

Reflita

Na parábola da figueira estéril (Lucas 13:6-9), Jesus nos ensina que Deus espera frutos de nós, mas também nos dá tempo e oportunidades para transformação. Assim como o jardineiro cavou e adubou o solo para que a figueira pudesse frutificar, precisamos permitir que Deus trabalhe em nosso coração para que a culpa não nos impeça de avançar. Ela pode nos levar a dois caminhos:

1. O do arrependimento, que gera mudança e libertação;
2. O da autossabotagem, que nos mantém presos à dor e ao passado.

Deus não deseja que vivamos presos ao peso dos nossos erros, e sim que nos arrependamos e avancemos para uma vida abundante! O arrependimento sincero nos liberta da condenação e nos permite acessar a plenitude que Deus tem para nós. Ele já preparou tudo para que possamos frutificar – mas precisamos abandonar o peso da culpa e avançar com um coração leve e transformado.

A Palavra de Deus nos garante: se nos arrependermos e mudarmos, seremos perdoados. "Sou eu, eu mesmo, aquele que apaga suas transgressões, por amor de mim, e que não se lembra mais de seus pecados" (Isaías 43:25).

Ações para colocar em prática

Reflita a respeito das questões a seguir e escreva as respostas em um caderno de anotações ou em um espaço no qual se sentir confortável.

1. Existe culpa pelas sementes erradas que você lançou na sua vida e na vida dos que o amam?
2. Escreva três coisas que, se pudesse voltar no tempo, você não teria feito ou faria de maneira completamente diferente.
3. Além de você, quem são as pessoas a quem você precisa pedir perdão para arrancar essa culpa do seu coração?
4. Se tiver a possibilidade, ligue para essa pessoa e confesse o seu erro. Peça perdão sincero e de modo humilde. Se não existir essa possibilidade, escreva uma carta de pedido de perdão, como se essa pessoa estivesse na sua frente, e depois leia a carta em voz alta. Faça uma carta para todas as pessoas que sabe que feriu e para quem deve um pedido de perdão.
5. O pedido sincero de perdão é o remédio para livrar a vida da culpa e dos comportamentos de autossabotagem.

Oração

Deus, amado Pai e Senhor, eu quero hoje abrir o meu coração diante de Ti. Eu peço perdão por, durante tanto tempo da minha vida, ter agido como uma árvore infrutífera ou uma árvore dando frutos ruins. Perdoe o orgulho que ainda existe em mim e que me fez levar tanto tempo para me arrepender e decidir mudar a minha vida. Peço que o Senhor abençoe as pessoas que eu feri com meus erros, assim como (cite o nome das pessoas que você colocou no exercício anterior). Que elas possam ser felizes e abençoados por Ti.

Espírito Santo, a partir de hoje eu convido a Ti para me exortar sempre que eu errar e peço que encha o meu coração de humildade para que eu possa me arrepender imediatamente e mudar, tornando-me, todos os dias, mais parecido com quem o Senhor me fez para ser. Eu peço isso e desde já agradeço por me ouvir, em nome do meu amado Jesus.

Para continuar gerando os novos e bons frutos é preciso aceitar que o solo seja nutrido e cavado constantemente.

NOVOS FRUTOS

@camilavieira

5

O TEMPO E A ATENÇÃO DEFINEM A VELOCIDADE DA NOVA COLHEITA

De Deus não se zomba. Ao longo de todos os capítulos, tenho reforçado essa máxima para que o entendimento dela fique gravado em sua mente e em seu coração. Aqui, ela é essencial, pois você já sabe que tudo o que for plantado será colhido. Assim, sabe também que o primeiro passo para uma nova vida, para novos e bons resultados é semear, por meio de pensamentos, sentimentos, palavras e atitudes. Uma vez lançadas as novas e boas sementes, precisamos cuidar do solo que as recebeu: nosso coração. Dessa forma garantimos que haverá a nutrição ideal e que as sementes estarão protegidas. Passado o tempo necessário, com o avanço do processo de evolução, usufruiremos dos novos frutos semeados.

Portanto, vamos conversar sobre o tempo neste novo espaço. Já que estamos falando sobre novos frutos, sementes, raízes e solo fértil, talvez trazer o tempo como parte do processo possa parecer contraintuitivo, mas não é. Acredite. E é a partir do entendimento do que explicarei aqui que você passará a semear novos frutos.

O tempo é a única coisa que Deus deu igualmente para todos os seres vivos da Terra. O presidente do país, eu, você e um pedinte, que anda e mora nas ruas da sua cidade, temos as mesmas 24 horas durante um dia. O tempo é indomável, absoluto e imperativo em nossa vida. Esse minuto que você levou para ler estas palavras não volta mais. E o que fazemos com o nosso tempo define diretamente os nossos resultados, pois é o elemento presente em todos os processos importantes das nossas vidas. Sempre teremos que lidar com o tempo.

Aquele que semeia colherá, mas só colherá no tempo apropriado. Quem nunca passou pelo teste do tempo? O tempo necessário para renunciar a velhas convicções e aprender algo novo. O tempo necessário para aplicar o novo conhecimento em alguma área da vida e ver novos resultados. O tempo do tratamento médico para curar uma enfermidade. O tempo necessário de estudo acadêmico para receber um título profissional. O tempo da gestação para ter um lindo bebê nos braços. O tempo para transformar o corpo acima do peso em um corpo saudável, forte e bonito. Tempo para desenvolver um relacionamento de intimidade com Deus e conquistar uma fé inabalável. Para se acostumar com a saudade de um ente querido que partiu. Tempo para mudar a mentalidade sobre vida próspera, para transformar um novo comportamento em hábito. O tempo de espera por um milagre. O tempo... Todos nós sempre precisaremos passar pelo teste do tempo. E não adianta tentar burlá-lo, não vai funcionar. O tempo é soberano.

O poderoso, rico, sábio e visionário Rei Salomão escreveu, em Provérbios 13:12, que "A esperança que se retarda deixa o coração doente, mas o anseio satisfeito é árvore de vida". Para ele, o tempo era igual ao que é para nós. A esperança que se retarda é a expectativa por algo muito desejado, mas que precisa passar pelo teste do tempo, o período que envolve o processo, o intervalo da mudança de estado, de a semente germinar e frutificar, gerando os frutos esperados. Mas, muitas vezes, a espera por esse tempo adoece a nossa alma, rouba a nossa alegria e abala a nossa fé.

O que hoje na sua vida está passando pelo teste do tempo? Que longa espera existe em sua trajetória que tem adoecido o seu coração? A consciência sobre o tempo dos processos da nossa vida nos faz mais resilientes, mais perseverantes, mais humildes e costuma aprimorar o nosso caráter.

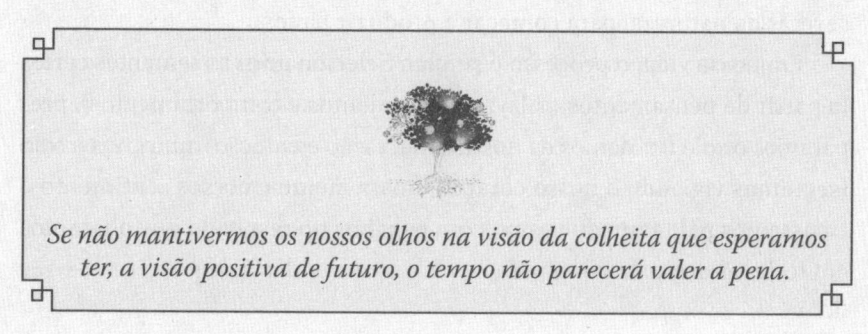

Se não mantivermos os nossos olhos na visão da colheita que esperamos ter, a visão positiva de futuro, o tempo não parecerá valer a pena.

Quantas vezes o meu coração doeu e, chorando, perguntei a Deus até quando eu continuaria colhendo as "ervas daninhas" no meu casamento pelas sementes erradas que havia semeado na vida do meu marido! Inúmeras vezes eu disse: "Até quando, Deus? Até quando, Pai? Quando isso vai acabar? Quando vou poder colher os frutos bons dos meus novos comportamentos, sentimentos e palavras? Quando vou me tornar uma mulher que merece um casamento feliz e pleno? O que em meu caráter ainda precisa de transformação para essa situação ser transformada também?".

Fiz incontáveis perguntas sobre o tempo para mim e para Deus. Mas é importante que você saiba que os meus questionamentos não reduziram o tempo necessário ao processo para mudar a minha vida. Eles não adiantaram o tempo da mudança do meu caráter. Porém, me ensinaram a manter os olhos na minha visão positiva de futuro, na mulher que tinha decidido me tornar e nas promessas de Deus para a minha vida. As perguntas eram como um lembrete de que não há um só fio de cabelo que caia da minha cabeça sem que o Senhor permita. Logo, se ainda estava vivendo situações de dor e o Senhor estava permitindo, era porque tinha propósito e aquilo me transformaria em alguém melhor, de alguma maneira. As minhas perguntas aumentaram a minha perseverança, resiliência e fé.

O tempo é um fator ainda mais relevante na vida das pessoas que decidem passar por um processo, uma transformação, uma mudança de estado. Demora para uma simples semente lançada no solo crescer e se tornar uma árvore exuberante e carregada de lindos e saborosos frutos. Uma semente de figueira precisa de cinco a seis anos, em um solo nutrido adequadamente, com a exposição ao clima correto e protegido de condições severas da natureza, para começar a produzir frutos.

Em nossa vida, o processo é similar. Selecionamos as sementes certas (a partir de pensamentos, palavras, sentimentos e comportamentos), preparamos o solo (cuidamos da nossa alma, razão e emoção), nutrimos o solo (seguimos vigiando o nosso coração, nossa mente e nossos sentimentos) e passamos pelo teste do tempo com os olhos no resultado que buscamos em todas as áreas da nossa vida.

E o que o teste do tempo na minha jornada me ensinou?

A principal lição aprendida é que o tempo não está sob o meu controle, mas tenho em minhas mãos o poder de **usá-lo a meu favor ou para sabotar o meu processo de transformação. O tempo é a nossa arma mais poderosa, e devemos usá-lo para cumprir a nossa missão, que é dar os frutos que nascemos para gerar em todas as áreas da nossa vida.**

Já que o que nos transforma é a verdade sobre nós mesmos, convido você a refletir sobre sua vida, seus processos e o tempo deles. Seja corajoso, verdadeiro e humilde nas respostas que dará a seguir.

1. Quanto e de que forma o tempo de espera pelo que você quer alcançar em sua vida o tem desafiado e feito "sofrer"? Pense sobre isso e escreva as suas reflexões.

_____

_____

_____

_____

_____

_____

_____

2. Você tem passado pelo teste do tempo dos processos da sua vida com coragem, ousadia e sabedoria? Ou será que, em vários momentos dessa espera, tem se colocado como vítima, reclamando, murmurando e assumindo um lugar de derrota e desesperança? Pense sobre isso e escreva as suas reflexões.

_____

_____

_____

_____

_____

_____

_____

3. O que o tempo da jornada, da espera e do processo tem ensinado a você?

_____

_____

_____

_____

_____

_____

_____

4. O que você tem feito com o seu tempo hoje? Como o tem usado para se tornar quem Deus o fez para ser?

_____

_____

_____

_____

_____

_____

_____

| O poder humano está no tempo e na atenção

O maior poder humano está nas questões em que o homem decide colocar o seu tempo e a sua atenção. É aí que está o seu poder de gerar novos resultados. E precisamos ter muito cuidado, porque o tempo e a atenção podem ser direcionados para nos levar a uma vida de plenitude, felicidade e abundância ou a uma vida de fracasso, frustração e dor. E, para explicar como funciona o poder do foco e da atenção, quero dizer que tudo vibra!

No mundo, tudo e todos vibram, e vibram em frequências específicas. Assim como a riqueza vibra, a pobreza também o faz. A vida vibra, mas a morte também vibra em uma frequência específica. O amor vibra, e o ódio também. A felicidade e a tristeza vibram. O sucesso e o fracasso vibram.

Tudo vibra. Tudo e todos emitem uma frequência, inclusive eu e você. E essas frequências, por sua vez, conectam-se com ambientes e/ou pessoas que estão na mesma frequência. Por exemplo, ao entrar no seu carro, ligar o som e sintonizar o rádio na frequência 103.9, você receberá o sinal sonoro que está sendo emitido nessa frequência e estabelecerá assim uma conexão com quem o está emitindo.

Emissor e receptor estabelecem uma comunicação quando estão na mesma frequência vibracional.

Isso significa que você se conecta com as pessoas que estão emitindo o mesmo tipo de frequência que você. Na prática, essa lógica explica por qual motivo uma pessoa endividada costuma andar com outras pessoas em situação financeira ruim. Mulheres com o casamento em crise, que estão infelizes e sempre reclamam dos seus maridos, conectam-se com outras mulheres também infelizes e malcasadas. Pessoas acima do peso têm em seu grupo social outras pessoas também acima do peso. Jovens melancólicos, isolados e infelizes andam com outros jovens na mesma frequência.

Alguns equipamentos, como o manômetro de frequência ou frequencímetro, são responsáveis por mostrar na prática o que acontece quando nos conectamos a elementos diferentes, em frequências únicas e específicas. Em pouco tempo é possível ver que a tendência é o equilíbrio, o que faz com que todos entrem na mesma frequência. Isso comprova a teoria que afirma que o meio sempre vence. Somos todos influenciados pelo ambiente, pelos lugares que frequentamos, pelas pessoas com quem dividimos o nosso tempo e por tudo aquilo que nos rodeia, nos faz gastar o nosso tempo e a nossa atenção. Onde estiver o nosso tempo e a nossa atenção, ali estará a nossa frequência, e assim serão gerados os nossos resultados.

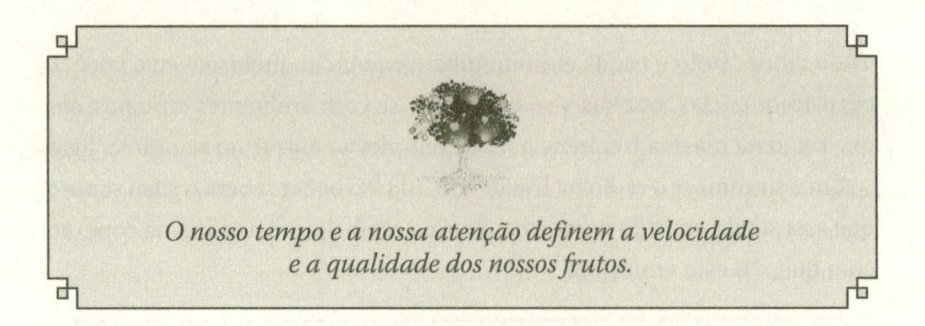

*O nosso tempo e a nossa atenção definem a velocidade
e a qualidade dos nossos frutos.*

A conquista da plenitude na nossa vida está diretamente ligada à nossa capacidade de fazer mais escolhas certas do que erradas em cada uma das áreas (a partir de nosso espírito, nossas emoções, nossa razão/intelecto e nosso corpo). A frequência com a qual, de modo intencional, decidimos sintonizar para cada uma dessas áreas definirá os nossos resultados, ou seja, a colheita que teremos. Percebe como entender isso é indispensável para a sua jornada?

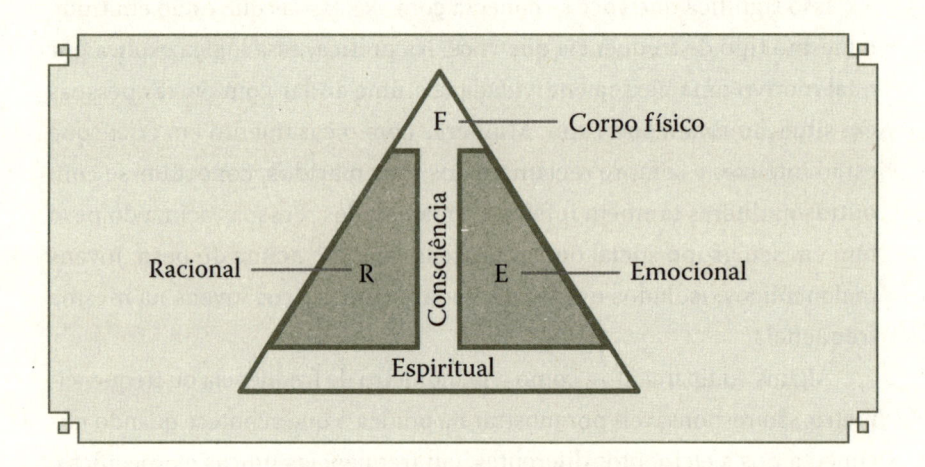

A pirâmide mostra como cada área da nossa vida está conectada e precisa estar em equilíbrio para vivermos com plenitude. No topo, temos o corpo físico (F), que representa nossa saúde, energia e ação. A consciência, que nos guia em nossas escolhas, é dividida em dois pilares: de um lado, a mente racional (R), responsável por nossos pensamentos, decisões e aprendizados; do outro, as emoções (E), que influenciam nossas relações,

reações e experiências. E, sustentando tudo isso, a base espiritual, que nos dá propósito, fé e direcionamento.

Parece complexo, mas as frequências certas e as erradas que estamos utilizando em nossa vida são muito mais reais, simples e cotidianas do que se pode imaginar. O que falamos e pensamos, bem como as nossas incontáveis escolhas diárias, o que escutamos, as mesas às quais nos sentamos e os ambientes que frequentamos, tudo isso vibra, e todos têm uma frequência específica que está construindo os resultados que temos hoje.

O poder do tempo e da atenção na nossa vida nada mais é do que a frequência que estamos acessando e sintonizando no nosso estilo de vida espiritual, emocional, racional e na nossa saúde. Cada pequena ou grande escolha interfere na frequência que acessamos e, por consequência, diretamente nos frutos que estamos produzindo para a nossa vida.

Peço que pare um momento e seja sincero. O que você tem feito rotineiramente para curar, preparar e fortalecer o seu espírito, as suas emoções, a sua vida intelectual e o seu corpo para vibrar na frequência certa, na frequência dos bons resultados? Tem dedicado tempo e atenção para se curar, se preparar e se fortalecer para vencer e viver o seu propósito na Terra? Quando dedico tempo e atenção, sou capaz de:

- Dar o estímulo certo;
- Na intensidade certa;
- E pelo tempo necessário!

Ao fazer isso, terei a possibilidade verdadeira de mudar absolutamente qualquer coisa em mim. A isso nós chamamos poder da disciplina da preparação e da frequência, ou o poder do todo dia. Diante do que já falamos até aqui sobre esses pontos, você tem dedicado tempo e atenção para se curar, se preparar e se fortalecer para vencer? Escreva a primeira resposta que aparecer no seu coração. Seja completamente verdadeiro.

_____

_____

_____

_____

Se o nosso poder está nas questões em que colocamos tempo e atenção, se tudo vibra e se somos completamente influenciados pelo meio, assim como atraímos pessoas e lugares na mesma frequência em que estamos, como podemos, de modo prático, usar esses princípios para mudar completamente os resultados em todas as áreas da nossa vida? A resposta é: colocando o nosso tempo e a nossa atenção nas frequências corretas. Para fazer isso, é preciso assumir o poder que há no que fazemos todos os dias, em nossa rotina, nossos hábitos e nossas escolhas diárias.

Então, desafie-se a analisar agora todas as áreas da sua vida que precisam de mudanças, reconhecendo as sementes ruins que tem lançado e os prejuízos que tem colhido. A partir dessa consciência, será o momento de tomar uma decisão e iniciar imediatamente uma nova rotina para a vida espiritual, emocional, intelectual e corporal. Ela o levará aos resultados que você quer e decidiu conquistar em todas as áreas. Esse é o caminho para viver uma transformação. É preciso definir, de modo intencional, a frequência com a qual você deseja sintonizar. Depois, deverá buscá-la por meio das suas escolhas diárias todos os dias.

Portanto, para ajudá-lo a compreender melhor a ideia de tempo, atenção e frequência, vamos falar sobre as quatro frequências que temos em nossa vida. O objetivo é que você possa colocar luz sobre si mesmo e reconhecer onde tem colocado o seu tempo e a sua atenção, assim como as frequências em que tem vivido (vibrado) e, principalmente, quais são as novas decisões que precisa tomar hoje para transformar tudo o que não está como deveria ou como você gostaria e merece.

| As 4 frequências: frequência espiritual

Somos seres espirituais. Nosso corpo e nossa alma só existem enquanto vivermos nesta Terra, mas o nosso espírito existirá para sempre. Ele é a base da nossa existência, e a frequência espiritual com a qual sintonizamos o nosso espírito define se estamos caminhando de acordo com a vontade de Deus ou de acordo com o desejo do diabo.

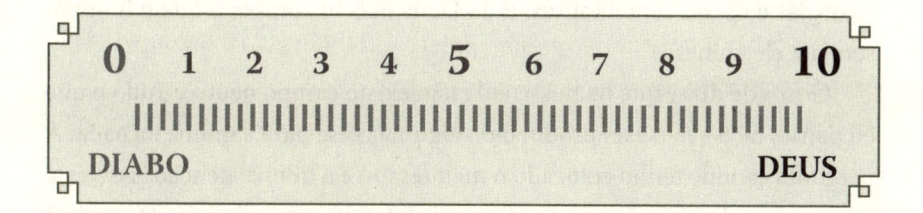

Na Palavra de Deus, em Romanos 8:14, vemos que "todos os que são guiados pelo Espírito de Deus são filhos de Deus". Em Gálatas 5:22-26, temos a descrição de que o amor, a alegria, a paz, a amabilidade, a bondade, a fidelidade, a mansidão e o domínio próprio são o fruto do espírito. Logo, esses são os comportamentos dos que são filhos de Deus – ou deveriam ser os comportamentos de quem se considera filho Dele.

Você se considera um filho de Deus? Tem vivido e manifestado esses comportamentos em seu dia a dia, com as pessoas à sua volta e nas diversas áreas da vida? As suas palavras, os seus pensamentos e as suas atitudes mostram quem é o seu Pai. Com quem você tem se parecido?

Essa é uma importante – e muito necessária – reflexão que precisamos fazer constantemente em nossa vida. Só quando andamos com a consciência de como temos agido podemos nos arrepender, mudar e nos manter sintonizados com a frequência de Deus.

Do outro lado da escala da frequência espiritual está o diabo, o inimigo de Deus que existe com a única missão de roubar as nossas vidas das mãos Dele, por meio dos nossos pecados. Em João 10:10 é falado que "o ladrão vem apenas para furtar, matar e destruir; eu vim para que tenham vida, e a tenham plenamente". Logo, todas as vezes que, em minhas escolhas diárias, sintonizo com a frequência do inimigo de Deus, estou semeando a dor, a morte e a destruição em minha vida; e a colheita virá.

Quando agimos guiados pelo Espírito Santo, colhemos a boa, agradável e perfeita vontade de Deus para nossas vidas, porém todas as vezes que agimos guiados pela nossa carne sintonizamos com o diabo. Em Gálatas 5:19-21, Paulo descreve como os frutos da carne são a imoralidade sexual, a impureza, a libertinagem, a idolatria, a feitiçaria, o ódio, a discórdia, o ciúme, a ira, o egoísmo, as dissensões, as facções, a inveja, a embriaguez, as orgias e coisas semelhantes. E de Deus não se zomba; o que o homem semeia, ele colherá.

Gosto de dizer que na nossa vida não existe campo neutro. Tudo o que eu penso, faço e falo está produzindo alguma coisa para a minha jornada. A pergunta é: onde tenho colocado o meu tempo e a minha atenção? Isso está me conectando mais com Deus ou com o destruidor da vida e da eternidade?

Quando falamos em sintonizar com as frequências do que é de Deus, não estamos falando apenas da vida espiritual. O espírito é a base da vida, e o que plantarmos nessa área colheremos em todas as outras. Então é possível dizer que sintonizamos com Deus ou com o diabo no modo como tratamos o nosso cônjuge e os funcionários; como agimos com nossos filhos quando eles desobedecem; como negociamos um contrato novo em nossa empresa ou pagamos os compromissos financeiros e impostos; como tratamos os pais; como administramos os recursos financeiros que geramos com o trabalho; como atendemos a um cliente exigente ou trabalhamos na empresa de outra pessoa. Ou seja, tudo que fazemos, em todas as áreas, está gerando uma frequência específica de acordo com a forma como agimos, seja guiados pelo Espírito Santo ou pela nossa alma ferida e doente. Isso tudo é o que define se sintonizamos com Deus ou com o inimigo.

Aqui está um exemplo prático e real de como funciona. Vamos falar das músicas que escutamos. Com sinceridade, as músicas que você tem ouvido vibram em qual frequência? Elas conectam você a Deus, ao que é justo, verdadeiro e virtuoso, ou ao diabo, trazendo o erro, a dor e a destruição? No meu aniversário de 50 anos, decidi que celebraria com uma linda festa. Faria uma festa *sunset,* que se iniciaria no horário do pôr do sol, em um *buffet* maravilhoso na cidade onde nasci, de frente para o mar, que eu tanto amo, e estava selecionando o repertório musical para a banda tocar. Já tinha decidido e comunicado a todos os profissionais que trabalhariam na festa que queria que o meu aniversário fosse lindo e cheio de ações de graças pelo amor, pelo perdão, pela bondade e pela misericórdia de Deus com a minha vida. O desejo do meu coração era que a presença Dele fosse sentida por todos os convidados e que ela gerasse transformação na vida de todos. Diante disso, várias pessoas vieram me dizer que eu não podia fazer uma festa em que só tocaria louvores, que a festa ficaria chata, e as pessoas,

desanimadas. Comentaram que eu precisava escolher algumas músicas seculares legais, com letras saudáveis, mas que animassem os convidados.

Na véspera do aniversário, estava conversando com a pastora Ezenete sobre esse assunto, falando que o meu coração queria só louvores, mas que estava na dúvida diante de tudo o que eu estava ouvindo de profissionais de eventos e até mesmo de parentes próximos a mim, que são também cristãos, então perguntei a opinião dela. Ela me respondeu com uma provocação: "Minha filha, se as músicas de Deus são inspiradas pelo Espírito Santo, quais são os espíritos que inspiraram as outras músicas que você vai colocar?".

Aquela pergunta, feita pela sábia pastora Ezenete, calou os questionamentos que existiam em minha mente. Na mesma hora comuniquei a todos os músicos a minha decisão de que só tivéssemos músicas de adoração a Deus. E sabe qual foi o resultado dessa decisão de ser intencional e sintonizar apenas com a frequência de Deus? A minha festa foi inundada pela presença Dele! Foi tão sobrenatural, que até quem estava trabalhando foi tocado e chorou com a Sua presença naquele lugar. Alguns funcionários do *buffet* que estavam distantes de Deus se arrependeram e decidiram voltar a buscar uma vida guiada pelo Espírito Santo, e o meu filho caçula, que na época tinha apenas 7 anos, foi batizado em línguas, com os músicos da banda chorando e aceitando Jesus como Senhor e salvador de sua vida. Até hoje, escuto os comentários de cura e libertação vividas por quem estava lá.

"Camila, por que isso aconteceu?" A resposta é simples: porque sintonizei com a frequência de Deus absolutamente tudo o que existia na festa, intencional e totalmente. E Ele veio de modo poderoso naquele lugar, manifestando a Sua glória.

Estou falando sobre música porque existe sutileza no modo como o mal age em nossa vida. Acredite, é fácil sermos conduzidos para a frequência errada e trazermos prejuízos para nós mesmos.

Certa vez, em uma sexta-feira à noite, o meu marido, Paulo, estava viajando para ministrar um treinamento em outra cidade, e saí para jantar com os meus dois filhos mais velhos. Na época, a Júlia tinha 18 anos; e o Mateus, 15. No carro, eles escolheram algumas músicas de que gostavam e entrei na brincadeira, cantando e dançando com eles. Eles estavam muito felizes, amando a minha entrega ao momento conjunto.

De repente, Mateus começou a colocar uma sequência da época em que eu era jovem e solteira, quando ainda não conhecia Jesus e vivia segundo princípios do mundo, e não de Deus. Cantei com eles duas dessas músicas e, na terceira, desliguei o som do carro. Eles perguntaram: "Mãe, por que você desligou a música? O que aconteceu?", "Você não gosta mais dessa música, mãe? Ela é a sua cara". Respondi: "Filhos, gosto, sim. Aliás, gosto tanto, que desliguei o som, pois essas músicas estavam levando a minha mente para algumas memórias do meu passado, e não convém relembrar e reviver o que passou. São memórias de momentos felizes e divertidos da minha juventude, mas que não precisam ser recordadas, acessando sentimentos antigos e desnecessários nesta fase da minha vida. Afinal, tudo começa com um simples pensamento, e, se não formos capazes de interromper esse fluxo, pode vir o erro".

Você entendeu a minha linha de raciocínio naquele momento? Tudo em nossa vida começa pelo pensamento, e as músicas têm o poder de nos levar a viagens no tempo. No entanto, nem todas as memórias do passado valem ser recordadas e reativadas, pois trazem de volta antigos sentimentos e nos lembram de pessoas que já passaram por nossas vidas. Estamos falando de frequência e precisamos ser radicais em selecionar onde, e em que vibração, colocaremos o nosso tempo e a nossa atenção, sempre conscientes de que não existem pensamentos neutros, eles sempre nos levam a resultados diversos.

Os pecados que você insiste em esconder, não confessar e permanecer praticando o levam para o lado oposto das bênçãos e promessas de Deus. Coisas e pessoas para onde os seus olhos se dirigem também vibram em frequências específicas e influenciam o seu entendimento de certo e errado, trazendo resultados condizentes com suas ações.

Se nosso poder, portanto, está nos lugares e hábitos em que colocamos o nosso tempo e a nossa atenção, e se cada escolha nos conecta com uma frequência específica que interfere diretamente nos nossos resultados, a primeira coisa que você precisa saber é que, para gerar novos frutos, deve abandonar as frequências erradas para, em seguida, buscar de maneira intencional a conexão com a frequência certa que levará aos resultados que está decidido a ter em todas as áreas da vida. Esses serão os seus novos e bons frutos.

De modo prático e objetivo, os novos frutos que você colherá dependem da sua capacidade de abandonar os comportamentos que o conectam ao destruidor, ladrão de alegria e de projetos de Deus, para agir alinhado ao que O agrada. Para isso acontecer, é preciso colocar em ação o **poder do todo dia**. Aquilo em que você decide, a partir de hoje, colocar o seu tempo e a sua atenção.

Paulo e eu chamamos essas ações direcionadas e intencionais de agenda da vida extraordinária. Se formos capazes de colocar em ação cada decisão tomada, veremos um verdadeiro romper em nossa trajetória. E, neste capítulo, você construirá a sua para direcionar melhor a sua espiritualidade, as suas emoções, o seu intelecto e o seu corpo. Compartilharei a minha agenda da vida extraordinária para cada uma dessas áreas, de modo que você entenda como eu garanto que o meu foco e a minha atenção me mantenham arrancando as ervas daninhas (problemas antigos gerados pela minha semeadura ruim, guiada pelo orgulho) e sintonizando com as frequências certas, as frequências da vida que decidi viver e da mulher que decidi me tornar. Espero que isso inspire e motive você ao criar a sua.

O poder do todo dia espiritual

A minha agenda espiritual foi montada de acordo com a minha necessidade de conhecimento e intimidade com Deus e com o desejo do meu coração de transformar o meu caráter, sabendo que sem o Espírito Santo eu não consigo ser uma mulher que agrada a Deus em meus muitos papéis nesta Terra (esposa, mãe, filha, empresária, irmã, amiga, alguém que serve ao próximo etc.).

Busco executar essa rotina diariamente há quase nove anos e, sem dúvida, ela é a responsável pelo que tenho vivido hoje, pela mulher que tenho me tornado, pelo meu amor por Jesus, pelo temor a Deus e pela transformação constante de quem sou. Se este livro e os outros dois que já foram escritos por mim existem hoje, é porque a minha agenda espiritual tem mudado a minha vida. E, antes que você pense que é algo difícil e impossível de ser

executado, peço que acredite no contrário: você conseguirá e isso será leve, virará hábito e mudará a sua vida. É simples! Só precisamos garantir que o seu tempo e a sua atenção estejam no lugar certo, conectando-se com a frequência certa.

Minha rotina espiritual

1. **Oração**
   - Pela manhã, ao acordar, a primeira atividade que faço é uma oração sobre o que estiver no meu coração. Agradeço mais um dia de vida, apresento ao Senhor algo importante que acontecerá no dia e peço ao Espírito Santo que me guie em todos os momentos.
   - O meu celular tem alarmes às 12h, às 15h e às 18h para parar o que estou fazendo, dar glórias a Deus e orar.
   - Antes de cada refeição, faço uma oração.
   - À noite, antes de dormir, oro pelos meus filhos e pelo meu marido, e apresento os meus motivos de gratidão pelo dia vivido.
   - Antes de assinar um contrato importante, tomar uma decisão profissional séria e sempre que o meu coração sente que precisa de algo que deve vir do céu – algo que não pode ser resolvido pela força do meu braço –, faço uma oração.

2. **Leitura bíblica**
   - Sempre escolho um livro da Bíblia (pergunto qual em oração ao Espírito Santo) e o leio todos os dias, um capítulo de cada vez. Não leio como um livro de história apenas, mas reflito sobre os princípios que estão no texto sagrado e como posso aplicá-los de maneira prática na minha jornada.
   - Leio a Bíblia com o meu filho caçula antes de ele dormir.

3. **Ouvir louvores**
   - Há alguns anos, só escuto louvores. No carro, no avião, no meu quarto, na sala de refeições da minha casa, na minha sala da empresa. Onde eu estiver, haverá louvores tocando.

- Na academia, coloco um fone de ouvido em mim e outro na minha *personal trainer*. Assim garanto que, mesmo estando na academia, sintonizarei os meus pensamentos e sentimentos com a frequência certa.

Sobre este último item, tenho uma história incrível para contar. Desde maio de 2021 treino com a mesma profissional. No primeiro dia de aula, perguntei a ela quem era Jesus, e ela respondeu que não sabia muito sobre Ele. Descobri que ela nunca tinha visitado uma igreja e nunca havia sequer tocado em uma Bíblia. Então, eu disse que não gostava de conversar durante o treino, para manter o foco no resultado físico, e que só ouviria louvores. Perguntei se queria ouvir comigo, e ela aceitou. No dia, coloquei um dos meus fones no seu ouvido, e assim são todos os nossos dias de treino. Por estar sendo submetida à frequência certa, a de Deus, ela aceitou Jesus como seu Senhor e salvador, e tem estado em várias igrejas como convidada para dar aula, tem lido a Bíblia todos os dias e feito o devocional *Plenitude* ao vivo na internet com seus seguidores. Verdadeiramente, ela tem vivido uma transformação em todas as áreas da vida. É lindo demais ver a sua jornada de transformação depois de ter buscado Deus de modo intencional.

4. **Declarar a Palavra de Deus**
   - Com a pastora Ezenete, aprendi que existe muito poder na Palavra de Deus declarada, e isso virou um hábito para mim. Todos os dias, em algum momento, declaro algo da Bíblia sobre a minha vida. Geralmente o Salmo 23 e o Salmo 91, ou outros que também são para mim alimento da alma e do espírito, fonte de força, coragem, amor e fé. Ao fazer isso, sinto que estou sendo revestida de uma armadura poderosa do céu, um verdadeiro empoderamento espiritual. A pastora me ensinou a declarar a palavra sempre na primeira pessoa, falando diretamente para a minha vida. A seguir, vou deixar o Salmo 91 nesse formato a fim de que você possa aprender.

Eu, que habito no abrigo do Altíssimo e descanso à sombra do Todo-Poderoso, posso dizer ao Senhor: "Tu és o meu refúgio e a minha fortaleza, o meu Deus, em quem confio". Ele me livrará do laço do caçador e do veneno mortal. Ele me cobrirá com as suas penas, e sob as suas asas encontrarei refúgio; a fidelidade Dele será o meu escudo protetor.

Não temerei o pavor da noite, nem a flecha que voa de dia, nem a peste que se move sorrateira nas trevas, nem a praga que devasta ao meio-dia.

Mil poderão cair ao meu lado, dez mil à minha direita, mas nada me atingirá. Eu simplesmente olharei, e verei o castigo dos ímpios. Se fizer do Altíssimo o meu refúgio, nenhum mal me atingirá, desgraça alguma chegará à minha tenda. Porque a seus anjos ele dará ordens a meu respeito, para que me protejam em todos os meus caminhos; com as mãos eles me segurarão, para que eu não tropece em alguma pedra.

Eu pisarei o leão e a cobra; pisotearei o leão forte e a serpente.

"Porque ele me ama, eu o resgatarei; eu o protegerei, pois conhece o meu nome. Ele clamará a mim, e eu lhe darei resposta, e na adversidade estarei com ele; vou livrá-lo e cobri-lo de honra. Vida longa eu lhe darei, e lhe mostrarei a minha salvação."

5. **Ouvir ministrações constantemente**

- Na minha vida, decidi aproveitar os tempos "ociosos da mente" para edificar a minha mente e o meu espírito. Assim, todos os dias durante os treinos aeróbicos (escada ou corrida), assisto a uma ministração de alguma pessoa incrível que me ensina e me aproxima da Palavra de Deus. Faço isso também enquanto estou no avião ou dentro de carros em engarrafamentos. Algumas vezes, o faço durante o meu banho ou enquanto preparo o cabelo e a maquiagem para um evento.

Dessa forma, o meu tempo e a minha atenção estão me levando a um lugar constante de transformação do meu caráter e de conhecimento sobre a vontade de Deus. Isso tem sido um divisor de águas em minha jornada.

Consegue se imaginar usando trinta minutos por dia para ser treinado em algo importante para a sua vida? Não tem erro. Os resultados novos e bons virão.

6. Jejum espiritual

- Mantenho o hábito do jejum espiritual semanal. Escolho um dia para ingerir apenas água e ter o coração mais conectado com o céu. Mesmo com a agenda intensa de eventos que tenho e com a rotina da empresa, busco um dia para o jejum acontecer.

- Além do jejum semanal, estou sempre atenta ao meu espírito e à minha agenda para perceber a necessidade de fazer um jejum mais forte, diferente e mais focado, em um preparo para uma missão específica que está por vir. Por exemplo, já fiz o jejum de Daniel[5] antes da Conferência Plenitude, do Mulheres Experience, de viajar para um projeto missionário em Angola, ou simplesmente para moer o meu orgulho, chegar a um novo nível de conexão com Deus e ouvir a resposta e a direção Dele para uma nova estação da minha vida.

7. Perguntas para Deus

- Tenho um caderno especial em que coloco a minha visão profética para o meu novo ano, escrevo os meus objetivos para todas as áreas da vida, bem como palavras e profecias recebidas sobre a minha jornada e as minhas perguntas para Deus.

Eu pergunto a Ele tudo o que tem inquietado o meu coração, pergunto sobre todas as decisões importantes que preciso tomar, peço confirmação de profecias recebidas e das áreas da minha vida em que preciso de um milagre (do sobrenatural). Pergunto o que em mim precisa ser transformado

---

[5] O jejum de Daniel é baseado na Bíblia, dura 21 dias e aconteceu quando o profeta Daniel renunciou a alimentos saborosos para discernir a vontade de Deus. (N. E.)

para o meu viver que tenho pedido a Deus, pergunto sobre a sociedade, as pessoas e os projetos.

Este livro em suas mãos veio de uma pergunta para Deus e depois de um jejum de Daniel durante 21 dias. Naquele momento, escrevi algumas perguntas para Deus; uma delas foi se eu deveria escrever um novo livro e se deveria ser um novo devocional, como o *Plenitude*, ou algo diferente. Também perguntei sobre o que eu deveria escrever. Fiz isso porque já tinha recebido várias profecias indicando um novo livro.

Então, em um domingo, três dias após o fim do jejum, participei de uma *live* de oração de uma amiga, e nela tinha um pastor e profeta que eu não conhecia. Uma da madrugada, porém, como era véspera do Mulheres Experience, decidi dormir. Assim que desconectei da *live*, esse jovem pastor falou: "Cadê aquela mulher de preto que estava aqui? Digam a ela que o Senhor me entregou o nome do novo livro que ela estava perguntando a Ele". O nome deste livro veio para mim dessa forma, como uma resposta de Deus às minhas perguntas, através de uma pessoa que eu nunca tinha visto antes.

Em resumo, espero que o que compartilhei aqui sobre a minha forma simples e prática de manter o meu tempo e a minha atenção voltados para transformar e nutrir a minha vida espiritual tenha inspirado você a fazer o mesmo.

Agora, olhando para a sua jornada hoje, para os seus hábitos e o estilo de vida que leva, reflita: o que precisa ser abandonado e o que precisa ser buscado de modo intencional a fim de garantir que você terá um espírito forte, inabalável e, principalmente, sintonizado com Deus, e não com o diabo?

Lembre-se de que o primeiro passo é sair da frequência errada para se conectar de maneira intencional com a certa. Esta é a hora em que, com coragem, verdade e humildade, você deve escrever tudo o que vinha fazendo (vendo, ouvindo, falando e sentindo) e precisa abandonar imediatamente para mudar a frequência da vida espiritual. Não existe campo neutro. Todas as nossas ações nos levam ao céu ou ao inferno.

Faça uma lista a seguir.

Hoje, decido abandonar os seguintes sentimentos, pensamentos e comportamentos, comprometendo-me a mudar o foco do meu tempo e da minha atenção:

_____

_____

_____

_____

_____

_____

_____

_____

_____

_____

_____

_____

_____

Parabéns pela consciência e humildade. Para o próximo passo, vamos construir a agenda extraordinária da sua espiritualidade a fim de garantir que o seu poder de tempo e atenção estarão levando-o ao que é mais nobre, produtivo e perfeito na colheita da sua vida em todas as áreas.

Olhe a vida espiritual de hoje, os hábitos que tem e os que ainda não tem, olhe a vida que deseja ter, e pense: a que hábitos você decide dedicar tempo e atenção? Sugiro que olhe a minha agenda como inspiração e faça algo muito melhor para si. Mas atenção! Respeite o seu processo e evite dar um passo inicial muito grande, para não correr o risco de não cumprir, gerando desânimo e desistência, em vez de motivação e ação.

Coloque quatro novas decisões na sua rotina espiritual. Deve haver esforço de sua parte, mas é importante que você consiga cumprir o que se comprometeu a fazer para gerar novos e bons frutos. Quando essas decisões virarem hábitos, você poderá intensificar a agenda colocando mais itens.

Minha agenda de tempo e atenção na vida espiritual

1) _____

2) _____

3) _____

4) _____

As 4 frequências: frequência emocional

Nossas emoções são o combustível que gera a energia e a força certa para agirmos na velocidade correta e na direção do que nos leva aos nossos objetivos. Tenho certeza de que, em alguns momentos da vida, você tomou decisões importantes que o aproximariam dos objetivos, mas nada aconteceu porque simplesmente não agiu. Ou até agiu, mas não pelo tempo necessário, e parou no meio do caminho, adiando os resultados que desejava.

Uma forma fácil de exemplificar isso é o cuidado com o corpo. Quantas vezes você pagou uma academia e foi ao nutricionista, mas simplesmente não teve a disciplina, a perseverança, a constância e os objetivos estabelecidos para o corpo e a saúde, impedindo que as metas fossem atingidas? Isso fala da sua estrutura emocional e da frequência emocional a que você está conectado.

A sua cognição, os conhecimentos e as informações que você tem são fundamentais, pois o capacitam para saber o que fazer, porém o que o coloca em movimento, o que o faz agir para cumprir o que precisa ser feito é a estrutura e frequência emocional.

Nossos sentimentos dirigem as nossas atitudes. Emoções fortes, saudáveis e positivas nos conectam com a frequência do amor. Nessa frequência

seremos capazes de acessar a emoção certa, na intensidade correta e pelo tempo adequado em todas as situações da vida, sejam boas ou ruins. A frequência emocional errada gera em nós sentimentos de derrota, de dor, de fracasso e de ódio, que são manifestados por nós em todas as áreas da vida. Ou seja, quando estou vibrando na frequência da emoção certa, a do amor, produzo em mim todas as outras emoções positivas necessárias para ter coragem, ousadia, perseverança, paciência, otimismo, autorresponsabilidade e muitas outras atitudes emocionais que levam ao sucesso e à felicidade.

Se os meus sentimentos, porém, vibram na frequência do ódio (o inverso do amor), as minhas palavras, atitudes e pensamentos sempre me conectarão com pessoas, ambientes e circunstâncias que estão na mesma vibração negativa, fazendo com que eu transforme a minha vida em um deserto árido, cheio de dificuldades, dores e prejuízos. É impossível ter uma vida feliz, produtiva e cheia de bons frutos sendo uma pessoa rancorosa, amarga, triste, insatisfeita, ingrata e que não consegue olhar para a vida de modo positivo. São frequências opostas e desconectadas.

Lembre-se de que a frequência emocional, além de gerar resultados bons ou ruins dependendo de como você está vibrando, também atrai para a vida pessoal e profissional pessoas que estão na mesma frequência. Isso é um perigo. Imagine hoje que você esteja mais sintonizado com a raiva, a mágoa e o ódio do que com o amor, e sempre se conecte no trabalho, na vida amorosa e na vida social com pessoas que estão na mesma dor. Vocês se sentam para conversar e só falam de dificuldades, crises, amarguras e desafios, então a frequência reforça em sua estrutura emocional as crenças negativas de incapacidade, de que as pessoas não prestam, o mundo é um lugar perigoso e ruim de se viver e algo pior está por vir. Assim, como toda crença define os resultados vividos, vibrando no ódio você produz no seu casamento, na sua vida profissional, financeira e espiritual, e na sua saúde aquilo em que você emocionalmente acredita, ou seja, dificuldade, dor e escassez.

E aí? Com coragem, verdade e humildade, responda: com qual frequência seus sentimentos, suas palavras e seus pensamentos têm sintonizado? Você tem andado a maior parte do seu tempo mais perto do amor e de suas virtudes ou do ódio e de suas maldições? Analisando suas atitudes

nos últimos dias com os filhos, o cônjuge, no ambiente de trabalho e com os pais, diria que elas foram guiadas por amor, misericórdia, bondade e sabedoria (usando a emoção positiva certa, na intensidade correta e pelo tempo necessário)? Ou será que tem acessado essas pessoas importantes da sua vida com sentimentos negativos como a inveja, a crítica, a cobrança constante, a insatisfação, a mágoa e o ressentimento? O que você tem vibrado? Tem sido na frequência do amor ou do ódio? Tem estado com as emoções positivas e alinhadas ou mais negativas e totalmente fora do controle, com gritos, brigas, discussões acaloradas, xingamentos, choros e outras atitudes de quem tem sintonizado na frequência emocional que leva à destruição de tudo e de todos?

A partir das perguntas do parágrafo anterior, reflita: como está a sua vida hoje no aspecto emocional? Responda isso com verdade.

_____

_____

_____

_____

_____

_____

_____

_____

Como próximo passo, deixei representada a escala da frequência emocional. Com base nas suas respostas acima, circule o número que hoje representa a nota da sua frequência.

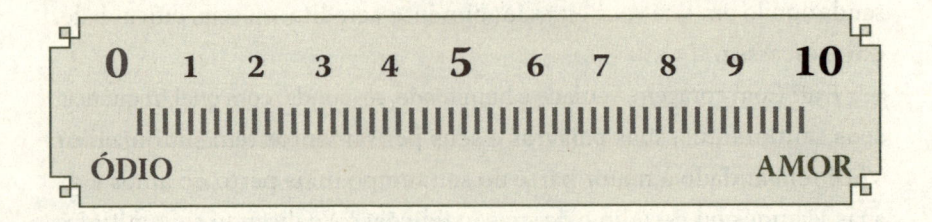

0 1 2 3 4 5 6 7 8 9 10

ÓDIO   AMOR

A base para qualquer transformação é sempre a plena clareza e consciência sobre o nosso estado atual. Eu e você precisamos saber onde estamos, quais são os resultados e frutos que temos produzido com o que temos feito até aqui. Só assim poderemos adotar a atitude correta de mudança e ajuste de rota. Pensando nisso, convido-o a também escrever, nas linhas a seguir, os prejuízos que você tem hoje em algumas áreas da vida por estar vibrando na frequência que assinalou anteriormente.

Quais são os frutos negativos que hoje causam dor e tristeza e que você decide agora mudar? Anote. Quanto mais verdadeiro for, mais poderosa será a sua tomada de decisão, por escolher semear atitudes emocionais corretas que em breve gerarão bons frutos na vida.

_____

_____

_____

_____

_____

_____

_____

_____

Parabéns pela coragem de olhar para si e reconhecer tudo o que você merece e deseja que seja transformado! Como você já tem consciência, o próximo passo é colocar seu tempo e sua atenção para transformar a frequência emocional em que você vibra. É necessário treinar até se tornar alguém com as emoções fortes, sadias e, principalmente, emoções que semeiam na vida o amor, a paz, a prosperidade e a plenitude que você deseja e merece viver, além de proporcionar o mesmo para a sua casa, a sua família e as pessoas que fazem parte da sua vida.

Para isso, tenho a minha própria agenda de frequência emocional que compartilharei a seguir. São exercícios que busco fazer ao longo de dias e semanas para manter as minhas emoções fortes e saudáveis e, assim, gerar os frutos positivos que decidi ter no meu casamento, com os meus filhos, em minha empresa e onde encostar a planta dos meus pés. Faço isso também orando e pedindo a Deus que Ele coloque graça nas minhas palavras e que o sentimento que eu produza nas pessoas, desconhecidas ou mais próximas, seja de paz e amor, e nunca de distanciamento, desconexão ou altivez.

Para fazer isso, preciso vibrar na frequência emocional certa. E são estes os exercícios que me mantêm nessa estrutura emocional forte, positiva, produtiva e cheia de amor. Vou ensinar de modo simples e prático cada um deles para que você possa montar a sua agenda de frequência emocional e manter o próprio tempo e atenção conectados com a vida e os novos frutos que decidiu produzir em sua vida.

1. V0

Vivemos em um mundo acelerado, que muitas vezes exige, ao mesmo tempo, pressa e atenção a tudo. Estamos tão acostumados a falar, reagir e preencher o silêncio, que esquecemos o poder de simplesmente estar presente. O exercício V0, que vem do termo da física "Velocidade Zero", é um convite a uma pausa, a desacelerar e realmente se conectar e sentir o outro sem distrações, sem a necessidade de responder ou finalizar o contato. É um momento de conexão profunda, em que o olhar fala mais do que qualquer palavra e a alma se expressa de verdade. E é nesse estado de presença que conseguimos perceber quem está diante de nós, bem como a nós mesmos.

Quando paramos e olhamos nos olhos de alguém por alguns segundos ou minutos, criamos um espaço seguro, em que o coração pode se expressar sem medo. Não se trata apenas de perceber as expressões do rosto ou o brilho dos olhos, mas de sentir o que está ali, mesmo que não seja dito. O V0 não busca respostas, ele apenas é. E, quando nos permitimos viver isso, algo poderoso acontece: o julgamento dá lugar à empatia, a superficialidade dá lugar à profundidade, e nos tornamos verdadeiramente presentes.

Assim, praticar o V0 é uma decisão consciente de sair do piloto automático e criar uma conexão verdadeira. Você pode fazer isso com alguém que ama ou até mesmo sozinho, olhando para o espelho e enxergando além das cobranças e expectativas. Apenas olhe, sinta e esteja ali de verdade.

Perceba como, **nesse simples ato de presença, existe uma força capaz de transformar relações, restaurar corações e abrir caminho para um nível mais profundo de conexão.**

2. 40 Motivos de Gratidão

A gratidão é uma chave poderosa para mudar a forma como enxergamos a vida. Muitas vezes, passamos os dias focados no que falta, no que deu errado, nas dificuldades, e isso nos afasta de tudo o que já temos e podemos celebrar. O exercício dos 40 Motivos de Gratidão nos convida a sair desse ciclo de reclamação e enxergar quanto somos abençoados. Quando escolhemos agradecer, treinamos a nossa mente para ver o bem e, quanto mais alimentamos a gratidão, mais a nossa percepção muda. A gratidão não é só um sentimento, é uma decisão consciente de valorizar o que já temos antes de buscar mais.

Ao listar quarenta razões para agradecer, algo dentro de nós muda. A ansiedade diminui, porque passamos a focar mais o presente do que a preocupação com o futuro. O medo perde espaço, porque percebemos que há muito mais conquistas do que derrotas em nossa história. A gratidão nos ancora no hoje e nos aproxima de Deus, porque reconhecemos Suas bênçãos em cada detalhe da nossa vida. Pequenas coisas, como respirar, ter um teto sobre a cabeça, um abraço apertado ou simplesmente uma nova oportunidade de recomeçar, ganham um significado completamente novo quando aprendemos a agradecer de verdade.

E lembre-se de que este exercício não precisa ser complicado. Pegue um caderno, seu planner ou uma folha de papel e escreva quarenta coisas pelas quais você é grato hoje. No começo, pode parecer difícil; mas, à medida que avançar, perceberá que existem muito mais motivos do que imaginava. Leia essa lista em voz alta e sinta a gratidão tomando conta do seu coração. **A sua vida não muda quando tudo ao seu redor se transforma, mas quando você aprende a enxergar o que sempre esteve ali.**

3. Eu sou

As palavras que usamos para falar sobre nós mesmos moldam a forma como nos enxergamos. Desde a nossa infância, ouvimos frases que nos

definem, algumas fortalecedoras, outras limitantes. Muitos de nós carregam rótulos que nunca escolheram, que foram colocados por outras pessoas ou por experiências do passado. Mas Deus nos criou com uma identidade única e verdadeira, e é nossa responsabilidade resgatá-la. Este exercício, portanto, nos ensina a reprogramar a mente e alinhar a nossa identidade com quem realmente somos. Quando declaramos com convicção quem somos, rompemos com as mentiras que nos travam e fortalecemos verdades que nos impulsionam para uma vida plena.

A ciência e a fé mostram que tudo o que repetimos constantemente para nós mesmos se torna uma crença que molda nossas emoções e atitudes. Se passamos anos ouvindo frases como "Você não é bom o suficiente", "Você não consegue", "Você não merece", essas palavras se tornam realidades dentro de nós. Mas podemos construir um novo caminho e declarar com firmeza: "Eu sou forte. Eu sou capaz. Eu sou amado. Eu sou próspero". Quando as nossas afirmações se alinham à verdade de Deus sobre nós, começamos a viver com mais confiança, clareza e propósito.

Para praticar, todos os dias escreva e declare dez frases positivas, começando com "Eu sou...". Faça isso olhando para o espelho, permitindo que cada palavra entre no seu coração. No início, pode parecer estranho; mas, com o tempo, essa transformação se tornará natural. A forma como você se vê define a forma como você vive, e Deus quer que você se enxergue exatamente como Ele o criou: forte, amado, capaz e pronto para viver tudo o que Ele planejou para você.

4. YES! YES! YES!

O corpo e a mente estão totalmente conectados. O jeito como nos movemos, respiramos e ocupamos os espaços ao nosso redor influencia diretamente as nossas emoções. Muitas vezes, queremos nos sentir mais confiantes, motivados e determinados, mas seguimos com uma postura de insegurança, gestos retraídos e a energia de quem não acredita que já venceu. O YES! é uma ferramenta simples, mas extremamente poderosa, que nos ensina a ativar um estado de vitória antes mesmo de alcançar a conquista. Ele não é só um gesto ou uma palavra, mas um comando físico e mental que diz ao cérebro: "Eu posso! Eu consigo! Eu já venci!".

Aquele que semeia colherá, mas só colherá no tempo apropriado.

NOVOS FRUTOS

A ciência prova que a forma como usamos o nosso corpo afeta diretamente o nosso estado emocional.[6] Se ficamos com os ombros caídos, a cabeça baixa e os movimentos retraídos, a nossa mente entende isso como um sinal de fraqueza. Mas, quando abrimos o peito, levantamos os braços e declaramos "YES!" com energia, ativamos hormônios que aumentam a confiança, reduzem o estresse e colocam nosso corpo e nossa mente no estado certo para agir. O segredo não é esperar sentir confiança para agir, mas agir para gerar confiança.

Praticar este exercício é um hábito simples. Sempre que precisar de um impulso de energia, levante os braços em formato de "V" de vitória, respire fundo e declare com intensidade: "YES! YES! YES!". Repita isso até sentir a sua energia mudar. Faça ao acordar, antes de um desafio ou sempre que precisar reprogramar o seu estado mental. A vitória começa dentro de você, e quando sua mente e seu corpo estão alinhados nada pode impedi-lo de viver o extraordinário.

5. Abraço de 40 Segundos

O abraço tem um poder que vai além das palavras. No ritmo acelerado em que vivemos, até os abraços se tornaram rápidos e sem presença real. Mas o Abraço de 40 Segundos é diferente. Ele é um convite para desacelerar, para sentir de verdade a pessoa que está com você e ser sentido também. Estudos mostram que, depois de vinte segundos de um abraço contínuo, o cérebro começa a liberar ocitocina, o hormônio do bem-estar e da conexão.[7] Aos quarenta segundos, essa liberação atinge um nível que fortalece os laços, reduz o estresse e gera uma sensação profunda de segurança e pertencimento.

[6] ROSÁRIO, J. L. P. do. **Estudo da relação entre postura corporal e expressão subjetiva de emoções em mulheres saudáveis.** 2010. Tese (Doutorado em Psicobiologia) – Universidade Federal de São Paulo, São Paulo, 2010. Disponível em: https://repositorio.unifesp.br/items/a9be21f4-6eb1-4993-b59f-e9f17d390c7d. Acesso em: 5 mar. 2025.

[7] OS BENEFÍCIOS de um longo abraço. **Pesquisa Fapesp,** São Paulo, n. 115, set. 2005. Disponível em: https://revistapesquisa.fapesp.br/os-beneficios-de-um-longo-abraco. Acesso em: 5 mar. 2025.

Nos relacionamentos, o Abraço de 40 Segundos pode mudar completamente a forma como nos conectamos. Em um mundo em que passamos mais tempo olhando para as telas do que para as pessoas, esse simples ato nos lembra de que **o toque tem um poder que nenhuma mensagem consegue substituir.** Ele acalma, aproxima, fortalece vínculos e rompe barreiras invisíveis. Quando abraçamos alguém com presença, sem distrações, sem pressa de soltar, estamos transmitindo uma mensagem silenciosa, mas muito poderosa: "Eu estou aqui para você". E tal sensação de acolhimento transforma.

Essa rotina para mudar a frequência é um presente para você e para quem está ao seu redor. Sempre que puder, abrace alguém que você ama com intenção, sem distrações. Sinta o calor da outra pessoa, acompanhe a respiração, relaxe e apenas esteja ali. Se estiver sozinho, cruze os braços sobre o peito e segure-se firme, lembrando que também pode se acolher. **No final das contas, o amor não precisa de muitas palavras, ele precisa de presença. E um abraço pode dizer tudo o que o coração sente.**

6. Validação

Desde pequenos, buscamos ser reconhecidos. Queremos ser vistos, valorizados, notados. Mas, ao longo da vida, aprendemos a procurar isso no lugar errado, esperando que os outros nos aprovem, nos digam que somos bons o suficiente. O problema é que, quando dependemos da validação externa, ficamos reféns da opinião alheia. A **validação verdadeira** não tem a ver com carência ou necessidade de aplausos, mas com aprender a reconhecer nosso próprio valor e, ao mesmo tempo, enxergar o valor das pessoas ao nosso redor. Ela acontece quando olhamos para alguém e dizemos: "Eu vejo você. Reconheço a sua força, a sua dor, a sua história. Você é importante". E acontece, principalmente, quando aprendemos a dizer isso a nós mesmos.

A validação, portanto, tem um efeito profundo em nossa autoestima porque **nos ensina que nossos sentimentos são reais, que nossa história importa e que não precisamos provar nada para sermos dignos de amor e respeito.** Quando nos sentimos validados, não precisamos gritar para sermos ouvidos, nem buscar a perfeição para sermos aceitos. Somos simplesmente quem somos. Contudo, muitas pessoas passam a vida esperando que os outros validem as conquistas e o esforço sem nunca olharem para si mesmas com esse reconhecimento.

Para ser emocionalmente forte, o primeiro passo é aprender a se validar. Olhe para a sua jornada e diga: "Eu vejo tudo pelo que já passei, reconheço as dores que senti, mas também vejo a minha força. Eu me alegro com quem estou me tornando". Validar a si mesmo e as pessoas ao seu redor é um ato de amor. Diga a um amigo quão incrível ele é. Agradeça ao seu cônjuge por algo que ele faz diariamente. Olhe para si mesmo no espelho e reconheça o seu valor. Todos os dias, lembre-se de quanto você evoluiu. Quando você aprende a se validar, o mundo pode até não reconhecer o seu valor, mas isso não muda quem você é.

7. Visão positiva de futuro

A forma como imaginamos o nosso futuro influencia diretamente como vivemos o nosso presente. Se enxergamos os próximos passos com medo, dúvidas e insegurança, acabamos nos sabotando e evitando oportunidades. Mas, quando cultivamos uma visão positiva de futuro, criamos um mapa mental que nos guia rumo à vida que queremos viver. Nossa mente trabalha a nosso favor quando temos clareza do que queremos. No Capítulo 2, ensinei como fazer o Mural da Vida Extraordinária. Ele não é só um quadro com imagens inspiradoras, mas um compromisso com os nossos objetivos. Todos os dias, olhe para ele e se visualize vivendo aquela realidade. Sinta a emoção, acredite que é possível.

A ciência comprova que o cérebro não diferencia o real do imaginado. Quando olhamos para um mural que representa nossos objetivos, ativamos áreas do cérebro ligadas à motivação e à tomada de decisão. Isso significa que, ao visualizar nossas metas todos os dias, criamos caminhos mentais que nos ajudam a agir de maneira coerente com essa visão. Além disso, ter uma imagem clara do nosso futuro aumenta nossa resiliência emocional, pois nos dá força para continuar mesmo quando enfrentamos desafios. Quem sabe para onde está indo não se perde no caminho e não desiste no primeiro obstáculo.

Criar um Mural da Vida Extraordinária é um ato de fé e comprometimento. Falamos sobre isso anteriormente, mas aqui é importante reforçar.

Então, escolha imagens que representem a vida que você deseja construir e coloque esse mural em um lugar visível. Todos os dias, observe-o e visualize-se vivendo o que as imagens mostram. Sinta a emoção, acredite que é possível. Mas lembre-se: o mural é um lembrete, não um amuleto. Ele o inspira, mas quem faz acontecer é você. **Quem olha para o futuro com esperança e confiança constrói um presente com propósito e poder.**

Eu uso todas essas ferramentas. Elas me sustentaram durante a jornada de transformação do meu caráter e na minha busca por salvar o meu casamento e a minha família. Nos dias mais difíceis, elas mudaram meus sentimentos, me permitiram ter a atitude emocional correta para suportar o processo, me fizeram olhar além das circunstâncias e não me deixaram adoecer nem desistir. Por vezes, eu me forçava a colocar um sorriso no rosto, mesmo chorando, e a fazer os meus 40 Motivos de Gratidão. Nos dias em que meus pensamentos me condenavam e uma voz do inferno dizia que eu não conseguiria mudar e que não tinha mais solução para meu casamento, eu corria para o banheiro e gritava vinte ou trinta características positivas que eu declarava sobre mim e a minha vida.

Por isso, monte sua agenda extraordinária e separe pelo menos um ou dois dos exercícios sugeridos para fazer ao longo do dia. Assim, garantirá que suas emoções estarão conectadas com a frequência do amor e produzirão as respostas perfeitas para todas as situações da sua vida. E não conte apenas com a memória; sugiro programar o despertador do celular pelo menos duas vezes ao longo do dia para lembrá-lo de fazer um exercício emocional. Você ficará impressionado com os bons e sábios sentimentos que esses exercícios promoverão na sua vida.

As 4 frequências: frequência racional

Paulo Vieira, meu amado esposo, ensina no Método CIS, o maior treinamento de inteligência emocional do mundo, que aquilo que sei me trouxe aos resultados que tenho hoje em todas as áreas da vida. Então, para obter novos e melhores resultados, preciso de novos conhecimentos. A Palavra de Deus fala que eu e você precisamos renovar a nossa mente a

fim de experimentarmos a boa, perfeita e agradável vontade de Deus para a nossa vida (Romanos 12:1-3).

Portanto, para ter novos conhecimentos apresento a você a frequência racional, ou frequência do conhecimento cognitivo. Ela é responsável por nos proteger do risco de errar o alvo durante a busca por uma vida diferente.

Olhe a imagem da escala de frequência racional. No lado positivo temos a **verdade** sobre conhecimento certo, e no lado da frequência negativa está a **mentira**, representada pelos conceitos errados e falsos.

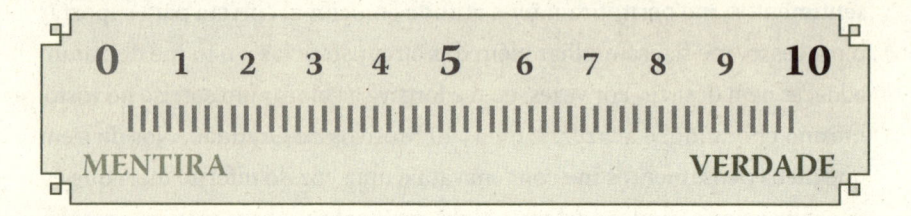

A frequência racional é produzida pela qualidade e quantidade de informações e conhecimento que você busca para a sua vida. Quanto mais o seu tempo e a sua atenção forem direcionados a adquirir o conhecimento certo, necessário e que ainda lhe falta para alcançar novos patamares de resultados, mais rápido será o tempo da sua nova e extraordinária colheita.

A frequência racional correta assegura que os frutos novos que você traçou como meta para a sua vida sejam produzidos do jeito que desejou, planejou e sonhou. Para cada tipo de resultado esperado existe a necessidade de um conhecimento específico, e você só será capaz de atingir os seus objetivos quando tiver esse conhecimento.

Se este livro fosse uma ferramenta digital de transmissão ao vivo, neste momento eu colocaria um sinal vermelho de alerta piscando para chamar a sua atenção. Tudo o que eu e você consumimos de informação e conteúdo nos traz um novo conhecimento. Este, por sua vez, produz sempre um novo aprendizado. Se o novo conteúdo não for verdadeiro, honesto e fundamentado nos princípios e valores corretos, entrará em nossa mente corrompendo o nosso entendimento de certo e errado, bom e ruim, honesto e desonesto, justo e injusto; e, invariavelmente, os princípios errados nos levarão a novos erros e problemas na nossa vida.

O que fazemos com o nosso tempo define diretamente os nossos resultados.

NOVOS FRUTOS

@camilavieira

Um exemplo disso, muito observado nas escolas ao redor do mundo, é nossas crianças sendo expostas a informações (conhecimentos) deturpados sobre sexualidade. Uma informação errada em uma fase inadequada pode gerar confusão em muitas crianças e um profundo desalinhamento em suas escolhas e seus comportamentos.

Mas não são apenas as nossas crianças que estão suscetíveis aos conhecimentos errados. Eu e você também somos influenciados pela frequência racional negativa. Se você dedica tempo e atenção a ler livros cujo conteúdo fere princípios de Deus, do amor e da verdade, por mais que imagine que não será influenciado, introduzirá em sua mente novas referências de certo e errado, e essas referências influenciarão o seu modo de pensar e agir, assim como os resultados que obterá.

Não existe ninguém com a mente blindada e impenetrável. Basta se expor, por um tempo determinado e suficiente, a pessoas, livros, cursos, programas de TV e redes sociais para que o conteúdo e as informações produzidas nesses lugares influenciem a maneira como você enxerga a vida. Precisamos ser constantemente sábios e criteriosos quanto ao que adquirimos de informação, pois a vida nova que queremos viver depende diretamente do conhecimento que estamos buscando.

Olhando para a sua vida hoje, tudo que já estudou, se dedicou a aprender com conhecimentos específicos para a vida pessoal e profissional, assim como todos os livros que já leu e treinamentos e mentorias de que participou, responda: onde está a sua frequência racional? Ela o está conectando com a verdade, com o conhecimento certo que o levará para a colheita perfeita na sua vida? Ou será que, por muito tempo, o seu foco esteve em informações e conhecimentos errados, fúteis ou desnecessários diante dos novos objetivos a serem conquistados? Seja sincero.

_____

_____

_____

_____

_____

_____

Para trazer uma ideia mais prática à frequência racional, apresento um argumento. Como gosto de conhecer melhor o perfil dos meus seguidores, costumo aplicar pesquisas nas minhas redes sociais, perguntando quais são as principais dores e necessidades que eles têm, com o objetivo de ajudá-los mais especificamente. De modo impressionante, em todas as pesquisas que fiz, a dor mais comum da minha audiência é a financeira. O mesmo acontece nas redes sociais do Paulo. A dificuldade em conquistar uma vida de liberdade financeira, de paz e de prosperidade tem roubado a alegria de milhões de pessoas. Elas relatam ciclos de anos e anos de muita escassez, gerando insegurança, desânimo e medo. Alguns comentam que esses frutos ruins vêm desde os pais e avós. Ou seja, são geracionais.

No entanto, mesmo sendo geracionais ou presentes há algum tempo, quando questiono sobre os livros que foram lidos sobre mentalidade financeira, os cursos e as mentorias feitas sobre o tema – ou até mesmo vídeos gratuitos na internet que trazem novos conhecimentos e informação sobre dinheiro –, a resposta sempre é a mesma. Nenhum livro, nenhum curso, nenhuma mentoria, nenhum vídeo consumido sobre o tema. E isso é o exemplo clássico do que acontece conosco. Muitas vezes, passamos a conviver com problemas como se eles fizessem parte da nossa existência, nos acostumamos com as coisas que estão faltando, que estão quebradas ou fora do lugar, então não agimos para mudar.

Tudo o que vivemos de ruim tem origem no que ainda não sabemos, no conhecimento que ainda não temos. Então está na hora de apontarmos para a "árvore" que nascemos para ser e os frutos que queremos produzir.

Para isso, quero que você monte uma agenda poderosa de mudança da sua mentalidade por meio do tempo e da atenção dedicados a buscar o conhecimento certo, que o manterá conectado com a frequência da verdade e do sucesso.

Com o olhar cheio de sinceridade e verdade, observe todas as áreas da sua vida hoje e escolha uma ou duas que, se chegassem a uma emergência de hospital, seriam levadas às pressas para a UTI, pois estão morrendo. Talvez também seja a sua vida financeira e profissional, ou, quem sabe, o seu casamento e a sua saúde. Perceba quais são as mais críticas e que roubam a sua alegria e paz.

Área 1: _____

O que está acontecendo hoje que o entristece? Qual é o problema?

_____

_____

_____

Área 2: _____

O que está acontecendo hoje que o entristece? Qual é o problema?

_____

_____

_____

Após definir o que acontece nessas áreas e como os seus frutos têm sido medíocres e causado dores em sua vida, é necessária uma nova – e correta – mentalidade. Assim, monte um plano de ação objetivo e simples para agir imediatamente em busca do conhecimento que falta e da frequência racional correta.

Plano de tempo e atenção para uma nova mentalidade
Área 1: _____

Que livro(s) você lerá imediatamente?

_____

_____

_____

Que treinamento(s) você fará? Quando?

_____

_____

_____

_____

_____

A quem você assistirá na internet para receber conteúdo de qualidade sobre esse tema?

_____

_____

_____

_____

Quem (ou o que) você precisa parar de ver e ouvir, pois o estava conectando com uma frequência ruim e diferente da que você busca para sua vida? Seja um selecionador!

_____

_____

_____

_____

Área 2: _____

Que livro(s) você lerá imediatamente?

_____

_____

_____

Que treinamento(s) você fará? Quando?

_____

_____

_____

_____

A quem você assistirá na internet para receber conteúdo de qualidade sobre esse tema?

_____

_____

_____

_____

Quem (ou o que) você precisa parar de ver e ouvir, pois o estava conectando com uma frequência ruim e diferente da que você busca para sua vida? Seja um selecionador!

_____

_____

_____

_____

_____

As 4 frequências: frequência do corpo

Sem dúvida, esta é a frequência mais tangível, palpável e simples de ser compreendida e avaliada. Todas as nossas escolhas e hábitos diários produzem uma frequência específica sobre o nosso corpo. Enquanto as escolhas certas nos conectam com a frequência da vida, os hábitos errados conectam nos com a morte. Simples assim.

Em 1 Tessalonicenses 5:23, vemos que todo o nosso espírito, alma e corpo devem ser preservados irrepreensíveis na vinda do nosso Senhor Jesus Cristo. Essa passagem ressalta a importância de sermos intencionais no cuidado com o espírito, a alma e o corpo. Gosto de dizer em meus treinamentos que a única coisa que nos mantém vivos aqui na Terra é o nosso corpo. Do que vale você ter trabalhado tanto, conquistado tanto, corrido tanto e perder o seu corpo, ou seja, acabar perdendo a sua vida?

Sempre me chamava muito a atenção quando eu via grandes homens e mulheres de Deus, absurdamente cheios do Espírito Santo, transbordando em amor e generosidade ao próximo, porém com o corpo adoecido por escolhas erradas, precisando puxar o ar para conseguir terminar uma frase, com respiração curta, sudorese, lentos e pesados nos seus movimentos. Para mim, era uma tremenda incongruência, pois elas precisavam de um corpo forte, disposto e bom para derramar no mundo e em outras vidas aquilo a que tinham dedicado tanto tempo para se encherem.

Não sei se você já ouviu frases do tipo: "O povo de Deus não bebe, mas come!", "A minha barriga não é gordura, é calo sexual", "Sou gordinha, mas sou sexy", "Dormir para quê? Deixo para dormir no céu", "Vou aproveitar tudo hoje, pois não sei nem se amanhã estarei vivo", "Não faço atividade física porque não suporto suar". Essas são algumas das incontáveis narrativas destruidoras que conectam os corpos das pessoas que falam isso com a morte, e não com a vida; com a doença, e não com a saúde; com a dor, e não com a alegria.

O que você tem falado sobre a sua vida? O que sai da sua boca sobre o seu corpo? A sua saúde e alimentação o conectam com a vida ou com a morte? Lembre-se sempre: de Deus não se zomba, e aquilo que o homem semear, ele colherá também no corpo.

A frequência boa a que você submeter o próprio corpo produzirá frutos que acarretarão saúde, disposição, longevidade, beleza, alegria e uma vida bem-aproveitada até os seus últimos dias na Terra. Sempre falo ao meu marido e aos meus filhos que vou viver 120 anos e que, aos 80, ainda estarei correndo 10 quilômetros à beira-mar com os meus netos. Essa é a minha visão positiva de futuro, o desejo do meu coração, e tenho a plena consciência de que as minhas escolhas diárias, a frequência com a qual sintonizo o meu corpo estão me levando a essa colheita.

Hoje, com 51 anos, tenho os exames de uma jovem de 35 anos. As minhas taxas hormonais estão perfeitas, e nenhum sinal de menopausa existe em mim até agora. O meu corpo hoje é mais bonito e tem maior percentual de músculos do que eu tinha aos 30 anos. Visto as mesmas roupas de quando me casei, há 25 anos, e minha filha, de 21 anos, compartilha vestidos e biquínis comigo. São escolhas! É resultado do tempo e da atenção dedicados ao que decidi colher na minha vida.

E você? Tem melhorado ao longo dos anos ou piorado? Tem construído um corpo bonito, forte e saudável ou tem caminhado para a morte?

É hora de colocar luz e verdade sobre o seu estilo de vida hoje. A seguir, cito sete áreas de comportamento para que você avalie com uma nota de

0 a 10, em que 0 significa que está sendo irresponsável e negligente, e 10 simboliza que tem feito exatamente o que é certo e bom para você. Use a nota 5 para casos em que você às vezes erra e às vezes acerta, mas ainda não conseguiu criar um estilo de vida ideal.

Sono. Você tem dormido pelo menos sete ou oito horas por noite? O seu sono é de qualidade e você tem acordado descansado?
Nutrição. Está com um peso adequado para a idade e a altura que tem? Você se sente feliz com o seu corpo? Tem se alimentado de modo saudável e equilibrado, consumindo alimentos que nutrem e fazem bem para a saúde?
Hidratação. Você considera que consome a quantidade de água suficiente para o seu corpo funcionar bem?
Suplementação. Você já foi a um médico e ele o orientou sobre as suplementações necessárias e adequadas para a sua idade e o seu estilo de vida? Tem usado o que ele prescreveu?
Musculação. Você tem feito exercícios físicos que fortalecem a sua musculatura? Você os faz na quantidade de dias e na intensidade necessária?
Aeróbico. Você tem feito exercícios físicos aeróbicos que fortalecem o seu sistema cardiovascular? Você os faz na quantidade de dias e com a intensidade adequada?
Reposição hormonal. Você já passou por uma consulta médica para avaliar a necessidade de fazer uma reposição hormonal? Você tem seguido a orientação do médico?

Agora que respondeu e trouxe consciência sobre as atividades relacionadas ao seu corpo nas quais tem colocado tempo e atenção, registre nas linhas a seguir as fichas que estão caindo e, principalmente, as suas novas decisões. Escreva, pois existe poder na confissão, mesmo que ela seja apenas para você.

_____

_____

_____

_____

_____

_____

_____

_____

_____

_____

_____

_____

_____

_____

Todos nós estamos sujeitos a doenças e tragédias que podem mudar completamente o curso da vida. Isso é normal. Não podemos, porém, parar de agir na direção dos nossos objetivos e projetos por esperar que algo ruim aconteça. O nosso papel nesta vida é fazer mais escolhas certas do que erradas, sintonizar mais com Deus do que com o inimigo; mais com o amor do que com o ódio; mais com a verdade do que com a mentira; e mais com a vida do que com a morte. Tudo isso, é claro, nos lembrando de que o nosso Deus é fiel e nos recompensa na mesma medida de nossa semeadura.

Suporte o teste do tempo com a atitude espiritual e emocional correta. Permaneça atento e consciente sobre onde você tem colocado o seu tempo e a sua atenção, pois aí está o poder de transformar os seus resultados em uma vida que vale a pena viver e que conecta você ao seu propósito.

E obrigada por estar aqui. Tenho certeza de que, com cada conteúdo, exemplo, exercício de consciência e tomada de decisão que fez até aqui, você já não é mais o mesmo. Com a sua dedicação, a sua jornada ganhará uma nova força e velocidade a partir de agora. Sinais dos novos e bons frutos na sua vida começarão a aparecer. Reconheça e celebre-os! Isso o manterá na velocidade certa rumo ao melhor tempo da sua vida até então.

O tempo é a única coisa que Deus deu igual para todos os seres vivos da Terra. É indomável, absoluto e imperativo em nossa vida.

NOVOS FRUTOS
@camilavieira

SEMEANDO

Quantas vezes na sua vida você se perguntou: "Quanto tempo falta?". Ou, talvez, a sua pergunta tenha sido: "Até quando eu terei que viver isso? Até quando essa situação vai permanecer assim na minha vida? Até quando, Deus?".

O tempo é, sem dúvida, um dos maiores desafios de todos os processos da vida. O tempo do crescimento da empresa, o tempo do tratamento médico, o tempo de conclusão da formação profissional, o tempo de um filho amadurecer e mudar os comportamentos, o tempo para emagrecer, o tempo de arrancar as ervas daninhas que foram geradas pelos erros do passado e o tempo necessário para que as novas sementes que eu decidi semear germinem, floresçam e gerem novos e bons frutos.

Precisamos sempre administrar o tempo das transições que desejamos viver em nossa vida. Toda transformação leva tempo: tempo da doença para a saúde, da pobreza para a riqueza, da tristeza para a alegria, do luto para a esperança, da ignorância para o conhecimento. Não podemos ser vencidos pelo teste do tempo. Ao contrário, precisamos usar o tempo a nosso favor.

E o seu poder está onde você coloca o seu tempo e a sua atenção. Onde você dedicar o seu tempo, ali estará o seu poder de transformação.

Sinceramente, onde você tem colocado o seu tempo e a sua atenção? Na realização dos seus sonhos ou na reclamação? Na busca do conhecimento que você ainda não tem ou "maratonando" séries e acompanhando redes sociais? Tem dedicado o seu tempo sendo um profissional brilhante ou tem usado o seu tempo de trabalho para fazer coisas que não geram crescimento na vida? Tem gastado o tempo assistindo à televisão e comendo "porcarias" ou se exercitando e buscando a sua melhor saúde?

Nossas escolhas sobre como investir o tempo determinam quanto permaneceremos nas dores e nos problemas e quanto passaremos na jornada de transformação.

NOVOS FRUTOS

Reflita

A nova colheita virá, mas ela exigirá de você disciplina e constância. Assim como uma árvore leva anos para dar frutos, os nossos resultados dependem de tempo, dedicação e escolhas diárias. Gosto de dizer que os meus acertos de ontem só garantiram o sucesso de hoje. O sucesso de amanhã depende da minha capacidade de permanecer fazendo as escolhas certas todos os dias e perseverar, mesmo nos dias em que parecer que nada de novo está acontecendo. Creia! Existe uma nova história sendo gerada em sua vida por meio das novas sementes que você decidiu semear. Não pare no meio do caminho!

Ações para colocar em prática

1. Olhando para a sua vida hoje, em quais áreas você tem enfrentado o teste do tempo, aquele que frequentemente faz você se perguntar: "Até quando?".

2. Ao analisar com sinceridade como você tem investido o seu tempo e refletir sobre a visão positiva de futuro que estabeleceu como meta, identifique as mudanças imediatas que precisa fazer em sua rotina para direcionar o seu tempo e a sua atenção ao que realmente acelerará a sua jornada rumo à nova e próspera colheita – os frutos da visão transformadora.

Oração

Senhor, Deus da minha vida, eu Te amo e Te agradeço por ainda ter tempo para mudar tudo o que precisa de renovação em minha vida. Obrigada, Senhor, porque a Tua Palavra diz que a Tua bondade e a Tua misericórdia se renovam a cada manhã. Eu peço, Pai, que me sustente na minha decisão de ser um(a) filho(a) nesta Terra cujos frutos mostram o quanto o Senhor é bom. Ensina--me a permanecer na jornada de transformação todos os dias da minha vida, fazendo o que Te agrada e o que me aproxima dos novos frutos que eu decidir produzir no meu casamento, na minha saúde, com os meus filhos, com os meus pais, e em todas as outras áreas da minha vida. Senhor, ajuda-me a calar todo pensamento de dúvida e medo sobre o meu futuro e enche o meu coração da alegria e da paz que vem do Teu Santo Espírito. Eu já agradeço a Ti, Senhor. Em nome de Jesus, amém!

HÁ UMA NOVA VIDA E NOVOS FRUTOS SURGINDO — RECONHEÇA E CELEBRE!

S em dúvida alguma, o mais lindo espetáculo que o Senhor nos deixou na Terra foi o milagre, a mágica e o sobrenatural existentes no processo da criação da vida. Quando olhamos para a concepção de um ser humano, desde o ato sexual entre um homem e uma mulher até o dia do parto, testemunhamos algo extraordinário e surpreendente.

Aos olhos de quem observa de fora do ventre, no início do processo parece que nada está acontecendo. É preciso passar algum tempo para que possamos ver os sinais de algo novo sendo gerado, o corpo da mulher mudando de formato e anunciando que existe uma nova vida ali. A barriga, por sua vez, cresce como evidência do que está por vir. Passado mais algum tempo, podemos ver os movimentos do bebê no ventre da mãe e, mesmo assim, só é possível imaginar como ele será, mas não saber ao certo suas características. Será parecido com o pai ou com a mãe? Nascerá cabeludo ou carequinha? Com os olhinhos puxados ou arredondados? Qual será a cor da pele? E o formato da boca? Há grande expectativa pelo novo que está por vir, mas que apenas poderá ser contemplado em sua plenitude após o tempo necessário do processo de formação, que em geral dura nove meses.

Na natureza, acontece algo parecido. A semente lançada no solo começará a germinar quando conseguir absorver a água e os nutrientes do solo necessários para romper a casca. Algumas, ainda, precisarão de luz solar para passar por esse processo. Depois dessa fase, crescerá uma raiz na direção do solo. Até aqui, aos nossos olhos humanos, nada está acontecendo, mas o milagre da criação está a todo vapor e, assim como a mulher que está gerando uma vida em seu ventre precisa crer, quem lançou a semente na terra precisa acreditar que ela está sendo germinada, mesmo que ainda não veja os sinais. Só depois de a raiz crescer debaixo da terra aparecerá um broto em direção à luz solar. E, se esse broto continuar sendo nutrido, em breve se tornará uma planta jovem, mais flexível e em pleno crescimento, até se transformar na árvore frutífera que estava destinada a ser. Durante todo esse processo, o solo precisa ser nutrido; e a planta, protegida. Assim como o bebê é nutrido e protegido no ventre.

Eu e você precisamos crer que nossos novos comportamentos, atitudes, palavras, sentimentos e pensamentos são como sementes que germinarão. Precisamos acreditar que, embora ainda não possamos ver nada, no tempo apropriado colheremos os novos frutos, com bons resultados. Algo novo está surgindo, e nós temos que confiar, pois a lei espiritual da semeadura também é verdadeira para as sementes boas e certas, ou seja, aquilo de bom que nós semearmos, nós colheremos. Mesmo que os meus olhos ainda não possam ver, existe uma nova história sendo gerada por meio das minhas novas escolhas.

Há uma Palavra em Isaías 43:18-19 que representa o que quero colocar em seu coração e em sua mente para dar esperança, alegria, fé e coragem, a fim de permanecer na jornada cuidando do solo e protegendo o novo que está sendo criado. Essa passagem diz: "Esqueçam o que se foi; não vivam no passado. Vejam, estou fazendo uma coisa nova! Ela já está surgindo! Vocês não o percebem? Até no deserto vou abrir um caminho e riachos no ermo". Esta é a convicção que você deve acender em sua vida: ainda que não o veja, ainda que não o perceba, ainda que os seus olhos enxerguem apenas o deserto árido e infértil, existe algo novo sendo feito por meio das novas sementes plantadas até aqui.

E, como o óbvio precisa ser dito, estou afirmando isso sobre a sua vida crendo que, desde a página 1 deste livro, você tem agido e escolhido lançar sobre a sua vida mais sementes (palavras, comportamentos, pensamentos e sentimentos) certas do que erradas, e creio que tem feito isso a cada página, a cada tema abordado e a cada exercício.

Essas sementes certas o estão levando na direção da vida que você decidiu construir para si e para os que o amam. Se a minha suposição é real, digo agora que você pode celebrar, pois tem um novo tempo de novos e bons resultados para o seu casamento, a sua empresa, os seus filhos, a sua saúde, a sua carreira profissional e a sua conexão com Deus. Mas, se está fazendo deste livro apenas um passatempo, sem colocar em prática os aprendizados, Isaías 43:18-19 ainda não é para você. É necessário entender que o seu poder está onde você tem colocado tempo e atenção, como vimos no capítulo anterior, e que todo conhecimento só tem valor se for posto em prática.

Caso não tenha praticado, confie em mim: volte aos capítulos anteriores e faça todos os exercícios, colocando-se em um lugar racional e emocional de transformação, de novos acessos e novos resultados. Nem eu, nem ninguém no mundo pode fazer isso por você. Tem que ser você! E a notícia maravilhosa é que ainda dá tempo de agir.

Esqueçam o que se foi; não vivam no passado. Vejam, estou fazendo uma coisa nova! Ela já está surgindo! Vocês não o percebem? Até no deserto vou abrir um caminho e riachos no ermo.

Isaías 43:18-19

Quem suportar o teste do tempo e for capaz de manter-se no processo com atenção na jornada de mudança de mentalidade, vivendo uma rotina de excelência (o poder do todo dia) que o conecta com a frequência de Deus, do amor, da verdade e da vida, receberá a recompensa e terá uma abundante e feliz colheita.

É hora de contar um pouco sobre esse processo de crer que algo novo está sendo gerado, de mostrar como funciona a produção da nova colheita, mesmo que os meus olhos ainda não vejam e que a minha vida ainda esteja completamente envolvida na dor e na desesperança. Espero que a minha experiência o inspire a permanecer buscando ser quem Deus o fez para ser, a manter os olhos na visão positiva de futuro e a suportar a jornada crendo que, no tempo apropriado, haverá uma linda colheita.

Muitas pessoas me perguntam se a decisão do Paulo de se divorciar de mim foi rapidamente alterada quando decidi viver a minha busca forte e determinada por mudanças. A resposta, infelizmente, é não. Absolutamente não! A decisão pela separação estava tomada. As feridas e marcas dos meus erros eram tão fortes que, para ele, não tinha mais jeito. Na época, ele disse que daria um tempo para nós, não por acreditar que o casamento teria jeito, mas por achar que precisávamos desse tempo para fazer tudo com sabedoria e minimizar os prejuízos do divórcio nas empresas e na nossa família. Lembro-me de que a Júlia faria 15 anos no ano seguinte, e ele disse que esperaríamos a festa dela passar. Esse seria o período que teríamos para estruturar as mudanças nos negócios e no patrimônio, além de preparar os nossos filhos e familiares.

Confesso que, no início da minha jornada intensa de cura emocional e libertação espiritual, tudo o que eu queria era convencer o Paulo de que estava diferente e era capaz de fazê-lo feliz. Tudo o que eu buscava – todas as sessões de coaching, os retiros espirituais e os livros – eram atitudes movidas pelo desejo desesperado de mostrar a ele que havia mudado e poderia, assim, salvar o casamento. Experimentei na pele o que é andar na contramão das evidências e estar à espera de um milagre. Foi isso o que aconteceu.

Todas as vezes que tentei "vender" para o Paulo o meu esforço, algo acontecia. De alguma forma, eu me sabotava com as minhas palavras e os meus comportamentos, e ele reforçava que não tinha jeito, que o meu orgulho não me deixava mudar, que resolvera me casar com o orgulho e que ele não tinha mais esperanças de um casamento feliz para nós. Foram incontáveis situações em que eu acreditava já ser uma esposa melhor, imaginava ter tido progressos em minhas atitudes, até que, de repente, errava outra vez – falava o que não devia, era impaciente e desrespeitosa etc. – e voltávamos ao ponto de partida.

Sem dúvida, o maior vilão na minha jornada de transformação foi o orgulho. Ele, além de ter me cegado sobre o meu caráter e meus comportamentos disfuncionais ao longo da vida, a ponto de eu estar perdendo a minha família, seguiu sendo o maior obstáculo para a transformação que eu precisava viver. Sussurrava no meu ouvido coisas como: "Desista! O Paulo quer uma mulher perfeita, e ele não é perfeito! Isso é jugo desigual. Você não trata os erros dele na proporção em que ele trata os seus! Não tem jeito, ele é viciado em insatisfação e, por mais que você faça algo diferente, nunca será o bastante! Você não merece viver angustiada, buscando atender às expectativas de alguém que já tem uma ideia fixa na cabeça e não vai mudar".

São apenas algumas das incontáveis narrativas que a ofensa do meu coração, guiado pelo orgulho, colocava na minha mente quase todos os dias. Sem dúvida, o orgulho e essas narrativas eram meus maiores adversários na jornada.

O orgulho usou essas armas contra o meu processo de transformação porque o meu alvo estava errado. Entrei nessa busca para salvar o casamento, e não para ser uma mulher sábia, santa, humilde, cheia do Espírito Santo, guiada pelo amor ao próximo, generosa e que glorifica Deus na Terra com a própria vida. Nunca pensei nisso! Só queria não perder o meu marido. A motivação, o porquê e o propósito estavam deturpados, errados, e isso estava me impedindo de avançar na transformação.

Certo dia, a pastora Ezenete, minha "mãe" e mentora espiritual, nos bastidores do Método CIS, olhou para o Paulo no palco e me perguntou: "E se o Paulo sair de casa hoje? E se ele não voltar nunca mais? E se ele sustentar a decisão pelo divórcio e isso for irreversível? O que você vai fazer? Quais serão as suas decisões? Você vai permanecer na sua busca por transformação espiritual e emocional ou vai abandonar tudo? Vai suportar a jornada de mudanças nos seus comportamentos ou vai se convencer de que já é boa o bastante e desistir?".

Confesso que fiquei muda no momento e tentei disfarçar o choro, pois estava no meio dos alunos e de alguns funcionários. Fiquei calada e prometi a ela que eu oraria e pensaria sobre cada uma das perguntas. Foi o que fiz. Por dias e dias, elas ecoaram na minha mente. Eu dormia e acordava pensando nisso, e hoje tenho convicção de que foram essas perguntas que me levaram a um novo romper de entendimento e de verdade na minha vida. Se este livro está nas suas mãos hoje, e se existem milhares de homens e mulheres ao redor do mundo sendo impactados com a minha trajetória, isso aconteceu, de algum modo, porque essas perguntas mudaram tudo em mim.

Doeu muito admitir, mas, ao tentar responder a cada questão que ela havia levantado, vi que tudo o que eu tinha feito até ali havia sido motivado para que, mais uma vez, eu manipulasse o Paulo e o convencesse das minhas virtudes a fim de que ele desistisse do divórcio e a nossa vida pudesse seguir em frente. Não perderia a minha família e o meu marido, tampouco seria envergonhada e humilhada diante de tudo e de todos por não ter sido capaz de sustentar o meu casamento. Parece cruel, mas é a verdade nua e crua do que havia em mim. Era essa a sincera motivação do meu coração até aquele momento para a minha suposta busca por transformação.

Esqueçam o que se foi;
não vivam no passado.
Vejam, estou fazendo
uma coisa nova!
Ela já está surgindo!
Vocês não o percebem?
Até no deserto
vou abrir um caminho e
riachos no ermo.
Isaías 43:18-19

NOVOS FRUTOS

@camilavieira

Foram necessários um confronto com a verdade e o entendimento de que esse caminho não me levaria a nenhum bom lugar para que pudesse virar uma grande chave em minha mente. Sei que a consciência gerada pelas perguntas foi o passo número um, mas foram a minha entrega à Palavra de Deus, a minha busca e o meu coração quebrado e rendido diante do Pai que me colocaram em um novo entendimento do que eu deveria ser e fazer da minha vida daquele momento em diante.

Finalmente eu entendi: **"Preciso mudar a minha vida, os meus comportamentos, escolhas e atitudes em nome de quem Deus me fez para ser, e não para tentar solucionar uma dor. Quero agradar a Deus como esposa, mãe, filha, empresária e mulher na Terra, e para isso preciso de transformação. Se no meio dessa busca o meu casamento sobreviver, glória a Deus. Mas esse não pode mais ser o meu alvo".** A colheita nova que estava decidida a gerar por meio de mim ia muito além do Paulo. Por isso, sempre falo que o pedido de divórcio foi como a sarça ardente que Deus fez pegar fogo e não se consumir diante de Moisés para que ele se aproximasse e pudesse ouvir Sua voz, recebendo do Senhor a direção da sua missão de vida.

A partir dali, com a motivação certa e um propósito forte o suficiente (o de ser uma mulher segundo o coração de Deus), intensifiquei a velocidade das minhas ações em busca da transformação do meu modo de falar e de tratar o Paulo, cada um dos meus filhos, meus funcionários, meus pais e sogros, meus irmãos e cunhados, e todas as pessoas que faziam e fazem parte da minha história. Nunca pensei que faria isso, mas eu chorava dizendo: "Senhor, quero amar as pessoas. Coloque o Seu amor pelo próximo no meu coração. Arranque o egoísmo que existe em mim". Na minha jornada, agora guiada pela verdade sobre mim, descobri quanto eu tinha me movido a vida toda pelos meus interesses pessoais e egoístas. Não me importava em cuidar ou servir pessoas que não faziam parte diretamente da minha vida. Via o amor do meu marido pelas pessoas, e aquilo me irritava profundamente. Mas o Senhor mudou muitas coisas no meu caráter e encheu o meu coração de amor por conhecidos e desconhecidos de modo que não consigo explicar.

Uma vez que o meu foco estava em ser, e não mais em mudar a decisão do Paulo, algo dentro de mim foi transformado. Passaram a existir uma força e uma convicção inabaláveis sobre o futuro que eu desejava viver, inclusive no meu casamento. Afinal de contas, de Deus não se zomba, e as minhas novas sementes agora eram, em sua maioria, sadias, justas, verdadeiras, honestas, amorosas, fiéis, de honra e respeito.

Mesmo sem ver os sinais e ainda ouvindo palavras duras e de desesperança sobre o futuro, eu escolhi crer, sem duvidar em nada do poder da semeadura, e acreditar que algo novo estava sendo criado, que novas e saudáveis raízes estavam crescendo. O meu papel era continuar lançando as sementes certas e proteger o solo do meu coração, assim como nutri-lo com as ferramentas emocionais certas e com a Palavra de Deus, pois no tempo apropriado eu veria o broto rompendo o solo e mostrando que uma nova vida e uma nova história estavam a caminho. Hoje vivo essa nova história.

É muita coisa para assimilar de uma vez, eu sei, e a jornada em busca de transformação pode parecer difícil no início. Por isso é tão importante ter a motivação correta em seu coração. Apenas ao saber quem você quer se tornar e qual vida você decidiu construir para si e para os seus, você fará o que precisa ser feito e suportará a jornada sem duvidar, mesmo quando parecer que o esforço é em vão, e mesmo em meio à dor e ao caos.

Agora que você entendeu a importância de saber e ter a motivação certa para se manter na transformação em busca dos novos resultados em cada área da vida, quero explicar também que, durante algum tempo, terá que conviver com o joio no meio do trigo.

O joio e o trigo são plantas semelhantes na fase inicial de crescimento, mas a grande diferença entre elas é que o trigo é bom, saudável e útil, e o joio é uma erva daninha que não tem utilidade para nutrição, além de ser tóxica. Em sua vida, o trigo representa a colheita nova que você tanto espera. São os seus novos e bons resultados profissionais, uma carreira brilhante, cheia de reconhecimento e que enche o seu coração de alegria e satisfação. O trigo é o seu casamento fortalecido, cheio de amor, paz e cumplicidade. É o seu corpo forte e saudável, um estilo de vida de alegria e plenitude.

Já o joio, em contrapartida, é a escassez financeira que você ainda vive pelos anos em que foi medíocre profissionalmente, sem se dedicar tanto quanto deveria, sem surpreender os clientes e os contratantes, sempre

entregando menos do que era capaz. Assim, ganhou menos do que precisava, acumulou anos de uma vida de limitações e, quem sabe, fez algumas dívidas.

Talvez o joio com que você ainda conviverá por um tempo seja um problema no casamento, mágoas por erros do passado que causam dores em você e no seu cônjuge. Quem sabe um adultério, que fez com que o seu cônjuge não confiasse mais e, sempre que ficasse irritado, o lembrasse do erro e do preço que estão pagando como casal até hoje. O joio é como uma "ferida na carne", o tempo todo trazendo dor, culpa, medo, dúvida e nos lembrando de que há um preço a ser pago pelas nossas falhas.

Mas... A notícia maravilhosa é que o trigo já está brotando. Ele chega como uma brisa suave, como uma luz nova que traz vida e esperança, alegrando o coração. Você já pode ver os sinais de algo novo surgindo, e o fato de, no meio da nova colheita, você se deparar com alguns momentos de dor e prejuízo pela semeadura anterior não o faz querer desistir. São pontos que fazem parte do processo e não podem roubá-lo da jornada que o está levando para os novos e bons frutos.

Você precisa saber discernir o que é trigo e o que é joio no seu dia a dia, e ter a atitude emocional correta diante de cada um deles. A sua atitude daqui para a frente definirá a velocidade necessária na correção da sua semeadura para que o joio não cause mais dores.

Lembro-me de muitos dias em que estava feliz, animada, grata a Deus e celebrando os frutos da minha transformação, até que, "do nada", acontecia algo e toda a dor do passado voltava à tona. Eu dizia: "Misericórdia, Senhor! Como assim ainda estamos falando sobre isso? Como assim os meus erros ainda roubam a minha alegria? Até quando, Deus?".

Preciso admitir que, mesmo já vendo as mudanças e os novos resultados, mesmo recebendo lindos e emocionados feedbacks de várias pessoas testemunhando o impacto da minha nova versão em suas vidas, na hora que essas situações aconteciam, a dúvida e o questionamento passavam na minha cabeça: será que o meu casamento um dia poderia ser feliz e repleto de paz? Apesar de já ser uma mulher completamente diferente, o poder devastador do passado sabotava a minha jornada.

Precisei desenvolver uma estratégia poderosa para manter os meus olhos nos novos frutos que eu e muita gente já reconhecíamos na minha vida e para não desanimar no meio da colheita dolorosa em que o joio parecia insistir em roubar a minha alegria.

É essa estratégia que você aprenderá agora para continuar, todos os dias, a fazer o que é certo, usufruir dos novos e bons resultados e não desistir ou desacelerar na sua jornada nos dias ruins.

Reconheça e celebre

Reconhecer os ganhos ao longo da trajetória e celebrá-los foi o primeiro princípio que me sustentou na decisão diária de me transformar em uma mulher que agrada a Deus e que entrega para os amados e para o mundo a sua melhor versão de mãe, esposa, filha, amiga e todas as demais que existem na vida.

Precisei – e ainda preciso – ver os novos e bons comportamentos que tenho diante de uma situação específica em que a "velha Camila" faria confusão, tentaria esconder e disfarçar o erro, se vitimizaria e não pediria perdão. Todas as vezes que acertei nas minhas ações e reações, celebrei (mesmo que só para mim). Celebrei! Disse nos meus pensamentos: "Uau! Glória a Deus por ter conseguido ficar calada diante da ofensa e isso ter evitado uma confusão maior. Parabéns; desta vez, Camila, você não tentou disfarçar o seu erro e pediu desculpas imediatamente! Você tem progredido!".

Só quando eu e você formos capazes de enxergar e reconhecer os pequenos e grandes avanços na direção de quem decidimos nos tornar é que permaneceremos firmes na jornada e com os olhos na visão positiva de futuro. A consciência sobre os ganhos gera força para continuarmos convivendo com o "joio" sem desistir dos próximos passos que precisamos dar. E volto a falar: pense sobre o que tem recebido o seu tempo e a sua atenção. Não os coloque no que ainda lhe causa dor, naquilo que você já venceu ou ainda o faz cair, e sim nos novos acertos e no modo como está avançando. Aí mora a sua força!

Eu e você sempre teremos escolhas a fazer sobre tudo na nossa vida, e podemos escolher o significado que damos ao que nos acontece.

Certa vez, o Paulo, que estava convicto do divórcio e fazia questão de deixar isso claro em todas as oportunidades que existiam, chegou em casa

falando que alguns amigos tinham nos convidado para uma viagem de casais e que ele tinha dito que iríamos. Na hora, não entendi e não soube como reagir. Não sabia se celebrava, pois era um avanço na direção de tudo o que eu buscava, ou se me entristecia, pois o coração dele ainda estava machucado e fazia questão de deixar isso claro em muitos momentos.

Haverá muitas situações em que você, assim como eu, será confrontado pela colheita errada do passado e se deparará com os avanços da nova colheita, simultaneamente. Precisamos ter a consciência de que nós escolhemos o significado e o sentimento que damos ao que está acontecendo. Então, respondi ao Paulo com alegria que amara a notícia da viagem, celebrei sozinha no meu quarto o convite para esse programa de casais e me esforcei para fazer daquela viagem a melhor da minha vida até então. Depois, nos momentos da viagem em que as palavras dele me lembravam a situação real do nosso casamento (o "joio" ainda presente na minha vida), eu usava a segunda arma poderosa que me sustentou com o sentimento certo no processo.

Sintonize na frequência certa (pratique os exercícios)

Não existe mágica. Para permanecermos focados em quem decidimos nos tornar e nos frutos que queremos gerar em todas as áreas da vida, precisamos nos manter fortes emocional e espiritualmente. E essa força vem dos exercícios diários que mantêm o nosso tempo e a nossa atenção na frequência correta.

A cada evidência de ganhos na jornada, celebre fazendo os exercícios que reforçam para você e para o mundo espiritual a sua nova e plena identidade ("Eu sou"), declare em voz alta os seus quarenta motivos de gratidão e encha o coração dos sentimentos certos. Comunique amor com atos, palavras e ações (assim como o abraço de quarenta segundos, o V0 e a validação).

No capítulo anterior, você aprendeu como intencionalmente usar a boca, a mente e o coração para se manter conectado com a frequência que gera vida. Precisamos fazer disso um estilo de vida, como alguém que foi diagnosticado com uma bactéria perigosa e precisa tomar os antibióticos nos horários certos e pelo tempo necessário. Esses exercícios foram, e ainda são, o tratamento contínuo que me mantém semeando a nova vida que quero para mim e para quem amo.

"Mas, Camila, e quando os joios aparecem fortes nos meus dias e me fazem duvidar de que ainda posso mudar a vida?" A minha resposta é: você precisa seguir "religiosamente" com os exercícios para celebrar e reconhecer as evidências de ganhos dos seus comportamentos e dos novos resultados que já começaram a surgir. Quando se deparar com os prejuízos e as dores dos erros anteriores, coloque ainda mais intensidade e mais frequência nos exercícios. Faça chorando, mas faça! Faça sem vontade e sem acreditar que a situação pode mudar, mas faça! Faça se sentindo uma farsa, mas faça!

Naquele momento, você pode não estar vendo nada, mas a lei da semeadura ainda é real. Se estou semeando certo, mesmo com os joios que ainda existem na minha plantação, obrigatoriamente vou colher coisas novas. Creia e permaneça fazendo o que é certo!

Vigie! Você não está pronto

Este é o terceiro princípio, e é muito importante para sustentar você na semeadura certa e com a atitude correta. É muito comum para nós, que passamos um tempo sendo confrontados por Deus, pelos outros e por nós mesmos por causa dos nossos resultados ruins, buscarmos desesperadamente provar que vencemos, que não somos mais as "velhas pessoas" e que agora somos transformados e merecedores de algum crédito, validação e voto de confiança, e é exatamente aí que mora o perigo nessa fase da jornada de transformação.

Eu estava há quatro anos na busca por mudar o meu caráter, já não me movia mais apenas para salvar o meu casamento e estava decidida a me tornar uma mulher que agrada a Deus. Nesse período, fui convidada para a inauguração de uma igreja em Brasília em que a pastora Ezenete ministraria. Sabe aquela pregação que é a resposta a todas as suas preces? Parecia que ela tinha ouvido as minhas orações e decidido aliviar a minha alma. Ao terminar a ministração, eu estava me sentindo a filha de Deus mais amada do mundo. Sentia que Ele me escutava e respondia a minhas perguntas.

Então, pensei: "Hoje, devo ter me tornado alguém que O agrada". Afinal, muitos pecados e erros do passado eu já tinha confessado, além de ter me arrependido deles e não os praticar mais. Já via muitos novos frutos surgindo em minha vida em todas as áreas. Milhares de mulheres estavam sendo impactadas pelo meu testemunho, muitos profetas anunciavam coisas grandes que estavam por vir, amigos e familiares me validavam e reconheciam a nova versão que eu tinha acessado e que os fazia ainda mais felizes. Até em meu casamento eu via grandes evoluções.

Porém, quando eu estava me sentindo uma mulher muito santa, muito sábia, muito humilde e muito amada, a pastora Ezenete mandou me chamar no camarim da igreja, olhou em meus olhos e disse: "Filha, quando você achar que venceu o orgulho, volte para o pó, pois ele a dominou novamente, e o próximo passo será uma nova queda". Meu Deus! Como era possível que, mais uma vez, eu tivesse caído na cilada do orgulho e estivesse, sem saber, desacelerando ou quem sabe me afastando daquilo que mais queria e buscava na vida?

Hoje eu sei: é assim que ele trabalha. O orgulho, em todas as estações da vida, tenta nos fazer errar o alvo e nos afastar da nossa visão positiva de futuro e do nosso propósito. Depois de mais essa exortação, voltei de Brasília para casa e percebi que era exatamente o que estava acontecendo comigo naqueles dias. Todas as vezes que eu recebia um novo feedback do Paulo, respondia imediatamente coisas do tipo: "Só você não reconhece as minhas mudanças! Olha como Deus tem me usado na vida de muitas pessoas. Não tem jeito, você sempre estará insatisfeito, não importa o que eu faça. Você ainda não me perdoou e por isso estou sempre em dívida com você".

Quanta loucura! Lá estava eu, novamente, negando os meus erros e as oportunidades de crescimento do meu caráter. Mais uma vez, estava sendo guiada pelo meu ego e pelo orgulho que habita em mim, e assim me afastava da mulher que tinha decidido me tornar e da vida que tanto queria viver. Estava cega sobre tudo o que ainda faltava de transformação e me agarrava aos ganhos e à evolução até ali como se fossem suficientes. Isso me entregou uma das chaves mais poderosas: o processo não tem fim, ele dura enquanto vivermos ou até Jesus voltar.

Todas as minhas escolhas diárias são sementes, e elas sempre gerarão resultados. Tudo é semente e aponta para a próxima colheita, para a próxima estação que viverei em todas as áreas da minha vida. Nunca estaremos prontos! Sempre existe um próximo nível, e o nosso ego e o orgulho serão nossos adversários constantes e eternos. Precisaremos estar atentos, pois eles mudam de estratégia e de abordagem. Se não sondarmos sempre os nossos corações e as nossas motivações, cairemos mais uma vez em suas armadilhas e destruiremos a linda colheita de uma vida feliz e abundante que temos nos esforçado para construir.

Assim, convido você a finalizar este capítulo com mais um nível de consciência sobre si e a sua jornada até aqui.

Nas linhas a seguir, escreva quais têm sido hoje na sua vida os novos brotos que já começam a romper o solo, anunciando que existe uma nova e boa colheita a caminho. O que você já pode ver como algo novo a caminho? (Isaías 43) Quais são os novos frutos das suas novas sementes que têm produzido alegria e esperança no seu coração?

_____

_____

_____

_____

_____

_____

_____

_____

_____

_____

_____

_____

_____

_____

_____

Agora que vê os novos frutos, celebre! Seja grato pelos aprendizados até aqui. Escreva algumas linhas sobre o que tem aprendido e como tem crescido nesta jornada. Quais são os seus pequenos e grandes ganhos que precisam ser reconhecidos por você e que reforçam a sua nova identidade?

_____

_____

_____

_____

_____

_____

_____

_____

Sabemos que precisamos aprender a suportar o teste do tempo e que, durante um período, colheremos o joio das nossas atitudes e escolhas erradas do passado. Portanto, olhando para a sua vida hoje, quais são os joios que ainda insistem em nascer no meio da nova colheita, tirando a alegria e, em alguns momentos, roubando de você a esperança do que mais busca?

_____

_____

_____

_____

_____

_____

_____

_____

_____

_____

_____

_____

_____

_____

Cuidado ao achar que já venceu o orgulho. Depois de conhecer as armadilhas em que quase caí e entender que é preciso vigiar constantemente, olhe para a sua vida, para os momentos em que tem usado os seus ganhos até aqui com vaidade ou para massagear o seu ego. Então, responda: onde você tem usado os novos e bons frutos para tentar convencer as outras pessoas de que é alguém completamente transformado e que precisa ser reconhecido por isso? Quanto mais clareza e consciência você tiver disso, mais forte será contra as ciladas do ego e do orgulho.

Encerro este capítulo do mesmo modo que comecei, dizendo que creio, sem duvidar em nada, por mim e por você, que o seu caminho para se tornar a pessoa que decidiu ser já está brotando e você usufruirá da vida que decidiu construir por meio da sua nova semeadura. Persevere na jornada e resista aos sabotadores!

Esqueçam o que se foi; não vivam no passado. Vejam, estou fazendo uma coisa nova! Ela já está surgindo! Vocês não o percebem? Até no deserto vou abrir um caminho e riachos no ermo.

Isaías 43:18-19

Só quando você souber quem você quer se tornar e a vida que decidiu construir para si e para os seus que fará o que precisa ser feito e suportará a jornada sem duvidar.

NOVOS FRUTOS

SEMEANDO

"Esqueçam o que se foi; não vivam no passado.
Vejam, estou fazendo uma coisa nova!
Ela já está surgindo! Vocês não o percebem?
Até no deserto vou abrir um caminho e riachos no ermo."
– Isaías 43:18-19

Durante a minha jornada de transformação, além de suportar o teste do tempo, eu precisei acreditar que existia algo novo, bom e cheio de propósito que estava prestes a acontecer na minha vida. Mesmo que ainda não visse evidências, eu precisava acreditar que a minha decisão de ser e agir diferente mudaria tudo. E para vencer essa etapa, precisei aprender a reconhecer os meus pequenos ganhos ao longo do processo. Eles fortaleceram a minha nova crença de identidade e passei a acreditar que merecia uma nova história e uma vida com um propósito que vai além das minhas demandas pessoais.

Um grande sabotador da nossa jornada de gerar novos frutos é a crença de incapacidade e de não merecimento. Todas as vezes que você der alguns passos na direção dos seus novos frutos – novos comportamentos, atitudes, palavras, pensamentos e sentimentos – e reconhecê-los e celebrá-los, você empilhará novas memórias e isso o fortalecerá. Essas novas conquistas funcionam emocionalmente como um degrau que sustenta os seus pés para os próximos desafios, silenciando o diálogo interno que diz que uma vida plena não é para você.

É necessário olhar para a sua vida, ainda repleta de desafios, e acreditar que o seu casamento feliz está sendo construído, que o seu corpo saudável e bonito está sendo formado, que a sua liberdade financeira está sendo edificada e que a sua fé inabalável está sendo fortalecida. Afinal, de Deus não se zomba, e aquilo que semearmos, colheremos.

Nessa fase, é essencial permanecer na jornada e sondar sempre o coração, para não cair na armadilha do orgulho, que nos leva a acreditar que, só porque já mudamos bastante, estamos perfeitos. Essa é a estratégia do orgulho para nos desviar mais uma vez da direção a ser seguida. Por isso, o apóstolo Paulo disse: "Assim, aquele que julga estar firme, cuide-se para que não caia!" (1 Coríntios 10:12).

Reflita

A pior armadilha na qual podemos cair é acreditar que já vencemos todas as batalhas, que estamos prontos e que não há mais mudanças a fazer. O orgulho pode ser sutil e silencioso, fazendo-nos crer que superamos desafios, quando, na realidade, ainda há muito a ser moldado dentro de nós.

Por isso, é essencial celebrar o progresso e manter-se na frequência certa: da vida, do amor e da verdade. O ambiente que você escolhe, as palavras que escuta e profere, os pensamentos que alimenta – tudo isso influencia diretamente a sua jornada. Nos dias difíceis, intensifique os exercícios que o alinham com Deus e com a identidade que Ele está construindo em você.

"Estou convencido de que aquele que começou boa obra em vocês, vai completá-la até o dia de Cristo Jesus."
– Filipenses 1:6

Ações para colocar em prática

1. Escreva ganhos, mesmo que sejam pequenos, que você já reconheceu em si mesmo desde que começou a trilhar essa jornada de transformação.
2. Reflita: quais desses ganhos são percebidos por outras pessoas?

Oração

Obrigado pelo milagre da transformação que já está acontecendo em minha vida. Sei que cada passo, cada mudança e cada avanço são fruto da Tua graça e do Teu amor por mim. Ajuda-me a enxergar e valorizar cada pequeno progresso, sem desanimar diante do que está por vir. Que eu celebre cada conquista com gratidão, e sem perder a humildade, reconhecendo que tudo vem de Ti.

Quero permanecer na frequência certa, alinhado com a Tua verdade, firmando a minha identidade naquilo que o Senhor está moldando em mim. Guarda o meu coração contra o orgulho, para que eu jamais me esqueça de onde vim e quem sou em Ti. Dá-me discernimento para continuar crescendo, aprendendo e avançando com sabedoria e perseverança.

Eu confio, Senhor, que a boa obra que começaste em minha vida será completada no tempo certo. Ensina-me a descansar na certeza de que Tu és fiel para cumprir todas as Tuas promessas. Amém!

7

FLORESCENDO E FRUTIFICANDO – O TEMPO DA COLHEITA CHEGOU

Agora é real! Esta é a estação da nossa vida que tanto buscamos. Chegou o tempo de florescer e frutificar, o tempo de entregar a si, às pessoas que o amam e ao mundo a sua melhor versão e aquilo que você foi criado para ser, fazer e usufruir.

Neste estágio, os novos frutos, em várias áreas da vida, já são visíveis, notórios, inquestionáveis e reconhecidos pelas pessoas. Os mais próximos e mais importantes para você são, ou pelo menos deveriam ser, os mais impactados pela sua nova versão de uma boa "árvore frutífera".

Enquanto escrevo isto, recordo-me das inúmeras cartas e vídeos que recebo de crianças, filhas e filhos das mulheres que participam comigo da mentoria Jornada da Plenitude, ou que foram impactadas pelos meus livros e conteúdos gratuitos que criei na internet, agradecendo a mim e ao meu marido pelas novas mães que ganharam. Eles falam coisas como: "Tia Camila, muito obrigada pela mãe amorosa que você me deu", "Tia, a minha mãe agora brinca comigo, é paciente, carinhosa e me ensina a ler a Bíblia", "Tia Camila, a minha mãe não grita mais comigo e com os meus irmãos, nem briga mais com o papai", "Tia Camila, hoje a minha casa é um lugar cheio de alegria. Minha casa virou o melhor lugar do mundo, é onde eu mais gosto de ficar".

Quando não são os filhos, são os esposos. Deles recebo a maioria absoluta das mensagens de gratidão. Eles me abraçam nos eventos e olham emocionados nos meus olhos para dizer que eu lhes dei uma nova esposa, uma mulher verdadeiramente parceira, prestativa, amorosa e respeitosa. Falam que o casamento estava prestes a terminar, mas que agora estão passando pela melhor fase da vida até então. Contam ainda que já tinham perdido as esperanças, mas atualmente vivem um tempo de amor, respeito e cumplicidade. Eles voltaram a sonhar e fazer planos para um futuro extraordinário em família.

O que essas mensagens de gratidão significam e o que elas podem nos ensinar? Que funciona! Que o meu passado não definiu o meu futuro. Que também vai funcionar para você e para todas as pessoas que se dispuserem ao processo que está sendo sugerido desde o primeiro capítulo deste livro. São incontáveis testemunhos que geram autoridade e esperança. A jornada vivida por essas mulheres as fez acessar a versão sábia, santa, humilde, fiel, generosa e amorosa, entre muitas outras virtudes, que um dia elas definiram como alvo de suas jornadas de transformação.

Assim, são exemplos de sucesso que reforçam em nós a lei da semeadura. O estágio do florescer e frutificar só é conquistado por aqueles que foram capazes de reconhecer as sementes erradas e velhas do passado, que viveram o arrependimento sincero dos prejuízos causados a si e aos seus amados pelos seus desvios de caráter, que construíram uma visão positiva de futuro forte o bastante para se manterem na rotina, no poder do todo dia, dedicando tempo e atenção para fortalecer o espírito, alinhar as emoções e transformar o corpo.

Em resumo, a colheita sempre chega. Acredite nisso! Não será diferente com você. Por mais que os seus olhos ainda não vejam, chegará o tempo de sua vida ser invadida pelas cores e pelo perfume agradável das novas flores e pelo doce sabor dos novos frutos em todas as áreas da vida. E esses frutos encherão o seu coração de alegria.

Quando usamos a natureza como referência e estudamos o ciclo de vida de uma árvore frutífera, observamos que ela só atinge o estágio do florescer e frutificar depois de ter sido capaz de vencer alguns ciclos importantes do crescimento. Esses ciclos são uma analogia perfeita para a jornada de transformação da nossa vida: uma árvore que chega à maturidade e é capaz de entregar para a terra aquilo para o que foi criada tem características fundamentais que simbolizam a sua capacidade de gerar vida.

A primeira delas são as raízes fortes e profundas. Assim como uma árvore madura que se tornou frutífera, uma pessoa que se submeteu com sucesso a uma jornada de restaurar a sua identidade e acessar o seu propósito na Terra precisou aprender a resistir a tempestades, a se fortalecer e crescer em todas as estações da vida, as tranquilas e as desafiadoras. Seus valores e princípios se tornaram fortes, profundos, e o entendimento de quem Deus o fez para ser o tornou inabalável diante de tempestades e desafios.

E assim como a árvore precisa de raízes profundas, nós precisamos estar conectados aos nossos valores, a crenças fortalecedoras e a um propósito claro. Sem isso, qualquer desafio pode nos derrubar e nos levar de volta para um lugar de destruição e prejuízos.

Neste capítulo, portanto, além de celebrarmos os novos frutos, entenderemos os princípios fundamentais para que eles sejam duradouros ao longo da vida, de hoje em diante. Chega de recomeços! Agora que você chegou a um lugar de crescimento em algumas áreas da vida, a atenção precisa ser direcionada para o que o manterá em crescimento, sem voltar para ciclos de autossabotagem. Dessa forma, iniciamos a estratégia de permanecermos frutíferos.

Agora que você gera bons frutos na sua própria vida e na das pessoas que o amam, apresentarei mais uma missão: os frutos não podem ser gerados apenas em uma estação; devem, sim, ser duradouros e melhores a cada nova safra. Mas como?

Em minha história, com o meu esforço para me tornar uma mulher que agrada a Deus, uma esposa sábia capaz de construir um novo casamento de honra e respeito com o meu marido, bem como ser uma mãe que conduz os filhos com sabedoria e amor para o propósito deles na Terra, percebi que tudo isso não deveria se perder depois dos primeiros bons frutos. Não poderiam estar presentes em uma estação apenas, me alegrando e fazendo outras pessoas felizes, para depois simplesmente sumirem.

Portanto, notei que existiam dois princípios fundamentais que precisavam evoluir a cada nova estação para que eu me tornasse frutífera e os meus frutos fossem duradouros. É sobre eles que falaremos a partir de agora.

1º princípio da frutificação contínua: o que é inegociável para você?

Você tem clareza de quais são os seus valores? O que é inegociável para você ser feliz? O que em sua vida não pode faltar para se sentir pleno e realizado? Onde está a força central da sua vida?

Só quando tenho a plena convicção do que é fundamental para que eu possa ser uma pessoa feliz, serei capaz de agir com sabedoria, dizendo "sim" ao que convém e "não" ao que ameaça os meus valores. Sabendo o que para mim é inegociável, terei maturidade nas minhas inumeras escolhas diárias e continuarei caminhando na direção de uma vida de bons e duradouros frutos em todas as áreas; então, serei feliz e farei aqueles que amo felizes.

Você conhece um homem ou uma mulher que ganhou reconhecimento, muito dinheiro e brilhou profissionalmente, mas perdeu o filho para o vício ou a depressão? Ou conhece uma mulher que dedicou a própria vida em uma entrega extraordinária para o marido e os filhos, abriu mão da vida profissional e dos sonhos pessoais até que, em certo momento, entrou em uma depressão profunda e se viu em uma vida sem alegria?

São situações fáceis de encontrar. E o que essas pessoas têm em comum? Elas se moveram na direção de objetivos e missões importantes, mas se esqueceram de cuidar dos valores pessoais e de protegê-los. Eles são aquilo que, se for negligenciado, gerará infelicidade. A seguir, trago um exemplo de alguém que trilhou uma jornada que o levou ao sucesso, mas o afastou de quem era mais importante em sua vida.

Um grande homem de negócios tinha uma esposa linda, três filhos incríveis e uma família feliz. Passou 25 anos da vida profissional em ascensão, investiu e guardou uma boa quantia financeira e vivia uma vida de paz e alegria com a família. Porém, esse homem conquistou sucesso sem ser movido pelo valor e pela identidade reconhecida para si por Deus. Conquistou tudo isso sem sequer dar o melhor para a sua família. O que sempre o motivou foi uma necessidade absoluta de provar o seu valor ao mundo e às pessoas à sua volta, pois cresceu em um lar em que constantemente ouvia do pai que não seria ninguém na vida e que ninguém nunca saberia quem ele era. Ele usou essa ferida da alma como combustível para ser notado e elogiado em tudo o que fazia. Então conquistou uma carreira meteórica e resultados incríveis, garantindo muitos elogios e reconhecimento das pessoas à sua volta.

Ao completar 50 anos, esse superexecutivo sentia que as conquistas feitas até ali já não eram mais suficientes e que precisava de um novo feito para alimentar a fratura da alma. Assim, dois conhecidos, em uma conversa comum, desafiaram-no a subir a montanha mais alta do mundo. Ele nunca tinha feito nada tão desafiador, mas se sentiu provocado a buscar algo diferente e entendeu que seria um novo e impressionante feito na jornada de provar que tinha valor e capacidade. Assim, tirou um ano sabático, afastou-se dos negócios e começou a dedicar horas e horas dos seus dias estudando e se preparando fisicamente para a nova aventura. Passou a dormir muito cedo, não acompanhava mais a esposa e os filhos nos compromissos sociais deles porque precisava acordar de madrugada para treinar. Quando saía de casa, a família estava dormindo, então não conversava com a companheira ao se levantar nem levava mais as crianças à escola. Passou um ano inteiro vivendo uma aventura isolada e egoísta.

Até que o dia finalmente chegou, e ele conseguiu cumprir a escalada. Chegou vivo no topo da montanha mais alta do mundo. Ali, fincou a sua bandeira e ficou famoso ao redor do globo terrestre por esse grande feito. Jornais de diversos países falaram da sua habilidade e perseverança. Agora, ele era notícia, e isso o fazia se sentir muito importante. No fundo, sentia que estava, mais uma vez, provando quanto o seu pai estava errado.

Mas toda história carrega dois lados. Enquanto era noticiado em todos os jornais e valorizado por onde passava, estava também perdendo a sua família. A esposa, que foi abandonada e esquecida por mais de doze meses, estava decidida pelo divórcio; os três filhos, que o amavam e admiravam, estavam infelizes, feridos, sentindo-se trocados e abandonados. Ele cumpriu o objetivo de escalar aquela montanha, mas a que custo?

Logo, descobriu que a falta de clareza dos próprios valores, do que era inegociável para ele, o fez destruir a única coisa que o fazia feliz de verdade: a família. Aquele homem escolheu subir a montanha errada. Conquistou o reconhecimento que a alma e o ego dele buscavam, mas perdeu aquilo que fazia sentido na sua vida: a esposa e os filhos.

Percebe, então, a importância de saber quais são os seus valores para se manter na direção certa da jornada? Essa história é muito mais comum do que imaginamos. Todos os dias precisamos fazer escolhas. Sem clareza dos valores e do que para nós é inegociável, cairemos em armadilhas da nossa alma ferida e destruiremos os bons frutos já conquistados até aqui.

Em 2 João 1:8, está escrito: "Tenham cuidado, para que vocês não destruam o fruto do nosso trabalho, antes sejam recompensados plenamente". Essa passagem fala do cuidado e da atenção que precisamos ter para não cair nas armadilhas geradas pela nossa alma, pela nossa identidade que ainda não está totalmente restaurada e que nos leva a destruir os bons frutos que nos esforçamos tanto para gerar em todas as áreas da nossa vida.

Então eu reafirmo: chega de recomeços! Para gerar entendimento disso, quero trazer mais um passo de consciência para a sua vida. Reflita: quais são

os seus valores inegociáveis? Nas opções a seguir, assinale o que para você é muito importante, aquilo que, se faltar ou se sofrer algum dano, causará tristeza, dor e frustração.

Mas lembre-se: não há certo ou errado. Cada ser humano, de acordo com a própria história de vida do passado e visão positiva de futuro, tem uma estrutura única de valores. Simplesmente são os seus valores, e ninguém pode criticá-los ou julgar o seu caráter pelo que, para você, é considerado importante e inegociável.

Por fim, depois de verificar a lista, veja se tudo o que é importante está aqui. Se não, insira nas linhas adicionais a seguir.

Deus
Família
Liberdade financeira
Saúde
Bem-estar emocional
Honestidade
Liberdade
Amor
Lealdade
Integridade
Outros princípios:

Após finalizar, é hora de seguir para um novo passo: escolha os dez valores mais importantes e escreva-os no espaço a seguir por ordem de prioridade. Comece pelo mais inegociável para você e siga até a décima posição.

Agora leia em voz alta para si a lista com os seus dez valores inegociáveis. Ela precisa ser constantemente revisitada para que, no dia a dia, a cada grande ou pequena decisão que tomar – seja na vida profissional, financeira ou conjugal, assim como na criação dos filhos e na manutenção dos hábitos que estão construindo a saúde e a espiritualidade –, você possa garantir que não acontecerá com você o que aconteceu com o homem que subiu a montanha errada e perdeu o que para ele tinha mais valor.

Sempre olhe a sua agenda e as escolhas diárias analisando se tem conseguido dar tempo e atenção ao que protegerá os seus valores. Pense e garanta que não tem se distraído e desviado o foco de quem decidiu se tornar e do que quer viver nesta vida. Só assim os novos frutos serão protegidos e frutificarão com constância em novas safras cada vez melhores.

2º princípio da frutificação contínua: verifique as suas motivações

Não custa nada relembrar que existe um grande vilão em nossas vidas: o orgulho. Quase destruí o meu casamento pelo orgulho que existia em níveis absurdos na minha jornada. Também é válido relembrar que eu retrucava todos os feedbacks que recebia do Paulo, pois eu me achava uma mulher incrível e tinha feito uma promessa aos 12 anos de que ninguém nunca mais me criticaria pelo meu desempenho. Então, quando ele me corrigia sobre algo, eu fechava o meu coração e não recebia com humildade a exortação, logo não aprendia e não me transformava. Meu valor próprio estava destruído e deturpado: eu entendia que era capaz de fazer tudo o que decidisse fazer, pois o meu valor estava no que fazia, e não em quem era. O orgulho guiava muitos dos pensamentos, palavras e comportamentos que tinha, machucando as pessoas que eu mais amava e trazendo dor para mim.

Portanto, preciso dizer que, ainda que você não reconheça e se incomode em ser chamado de orgulhoso, ele também existe, em algum nível, em você, e todos os problemas e dores que existem em sua vida hoje são gerados pelo orgulho. Refiro-me a questões como divórcio, problemas financeiros, frustação, insucesso profissional, corpo acima ou abaixo do peso, compulsões por compras, sexo, bebidas, drogas, frieza espiritual, dificuldade de relacionamento com os pais e incapacidade de educar os filhos com amor e limite na medida certa. Tudo isso vem do orgulho.

O nosso grande objetivo ao longo das últimas páginas foi mostrar verdadeiramente que você não foi criado por Deus para frutificar uma única vez na vida, para dar bons frutos apenas em uma estação, mas sim para que os ganhos sejam duradouros e cada vez maiores e melhores. Se tudo isso foi o que eu quis passar, afirmo também que o orgulho é o grande vilão

dessa missão. Há, inclusive, o orgulho de achar que venceu o orgulho, e agora vou apresentar uma estratégia ainda mais poderosa para sondar o seu coração e trazer consciência e ajuste de rota para quando, mais uma vez, o orgulho tentar manter viva a autossabotagem e, assim, um processo de constantes recomeços.

Leia esta história com atenção. Em março de 2023, fui para o lugar do meu crescimento espiritual, a Estância Paraíso, como faço todos os anos. Estava em atendimento individual com a pastora Ezenete, e ela pediu que eu pegasse uma caneta e um caderno para escrever algumas perguntas. Recordo-me de que estava sentada em um sofá, de frente para a poltrona em que ela se encontrava. A pastora começou, então, a fazer as perguntas, e, à medida que eu escrevia e elas entravam em meu coração, percebi que escorreguei do sofá até ficar sentada no chão, completamente confrontada com os questionamentos que ela estava me fazendo.

Quando terminei de escrever as dez perguntas, eu disse: "Desculpe, mas não consigo responder agora, preciso orar e pensar para ser profundamente verdadeira". E ela respondeu: "Não quero que você responda agora de jeito nenhum, vá para a ministração que está acontecendo no auditório, depois fique no seu quarto amanhã em oração até que sejam acessadas as respostas verdadeiras e que são do fundo da sua alma. Quando terminar de responder tudo, me chame".

Saí tão tonta com as perguntas, que não conseguia ouvir e entender o que estava sendo ministrado no auditório. Então me levantei, sentei-me no chão do fundo da sala, de costas para o altar, e comecei a perguntar ao Espírito Santo quais eram as respostas verdadeiras do fundo da minha alma. Como em um filme que passava em meus olhos, o Senhor começou a me mostrar quanto ainda existia de orgulho e vaidade na minha vida. Quanto eu ainda precisava de elogios e validação, e quanto ainda queria impressionar com o meu desempenho. Uma dor profunda me invadiu a alma, um constrangimento e um temor como eu não tinha vivido ainda. Fui para o quarto chorando e pedindo perdão a Deus, clamando por Sua misericórdia, Seu amor e Seu perdão.

Foram essas perguntas que me mostraram que o orgulho ainda estava ali, são elas que me faço constantemente, desde aquele dia, e sei que isso tem me sustentado na jornada e garantido um alinhamento quase diário do meu ego. Responder para mim mesma essas perguntas tem me mantido em crescimento, moído o meu orgulho e esvaziado o meu ego, dia após dia.

Agora, como próximo passo em sua jornada, farei as três perguntas mais poderosas das dez que recebi, e o convido a não responder no piloto automático, mas a sondar o seu coração e a perguntar ao Espírito Santo qual é a sua verdadeira motivação no dia a dia. Reflita sobre isso e escreva as respostas de cada pergunta nas linhas a seguir.

Sinceramente, por que você faz tudo o que faz hoje?

_____

_____

_____

_____

_____

_____

De verdade, quem você quer agradar fazendo tudo o que faz?

_____

_____

_____

_____

_____

Com toda sinceridade, quem é Deus para você?

_____

_____

_____

_____

_____

As respostas sinceras do seu coração a essas três perguntas o manterão consciente sobre o poder que o ego ferido ainda tem em sua vida. Além disso, reafirmarão o entendimento de que só continuaremos frutificando bons frutos, sendo quem Deus nos criou para ser, realizando os nossos projetos e a nossa missão neste mundo, e usufruindo da recompensa da sabedoria, se vivermos um processo constante de moer o orgulho e nos movermos por uma identidade restaurada, e não por um ego faminto por elogios e validações.

Cuidado com os elogios nessa fase da vida em que você tem gerado novos e bons resultados, e mantenha a humildade nesse momento em que as pessoas farão questão da sua presença. Quando elogios e mensagens de gratidão chegarem, de modo intencional coloque-os no "potinho da identidade" (é um reflexo de que você está alinhado com o que Deus o criou para ser e com o seu propósito e a sua missão na Terra), e nunca no "potinho do ego" (o seu valor não está no que você está produzindo, nem no que as pessoas estão falando sobre você agora). O ego busca validação externa para se sentir importante, enquanto a identidade firme em Deus encontra segurança no propósito, independentemente do reconhecimento dos outros.

E é com essa chave que encerro o segundo princípio do capítulo, querendo que você tenha recebido em seu coração e em sua mente as informações necessárias para florescer e frutificar de modo cada vez mais abundante e consistente a cada nova estação da vida, colocando um ponto-final nos ciclos do passado de autossabotagem e recomeços.

3º princípio da frutificação contínua: é para mim! Eu mereço

O terceiro – e não menos importante – princípio fala de um sabotador da vida plena e feliz: a crença de não merecimento. Todas as incontáveis memórias do passado em que você ouviu, de várias formas e muitas vezes, que não fazia nada direito, que não servia para isso ou aquilo, que era burro, tolo, desatento, incapaz ou outros adjetivos cruéis, criaram a convicção emocional de que as coisas boas e felizes da vida são demais para você.

Ou, quem sabe, as suas memórias do passado estão ligadas a palavras de culpa em que você foi responsabilizado pela dor e pelo sofrimento das pessoas que mais amava (geralmente pai, mãe e irmãos). Por exemplo: "Sabe por que eu trabalho quinze horas por dia? Para lhe dar uma vida melhor do que a minha, e você ainda não reconhece", "Se estivesse atento ao seu irmão, ele não teria se machucado", "Só não larguei o seu pai porque tinha que sustentar você. Se não fosse você, eu teria ido embora e refeito a minha vida".

São apenas alguns exemplos, mas todas essas palavras e vivências encheram o seu coração de um sentimento de culpa e de não merecimento; e, como quem é culpado não merece ser feliz, você sempre encontrou maneiras de sabotar um processo de crescimento em várias áreas da vida. Começava a ganhar dinheiro e dava um jeito de fazer um mau negócio e perder tudo. Quando o casamento estava melhorando, você tratava o seu cônjuge com desrespeito e desonra, afastando-o de você. Quando começava a criar hábitos saudáveis de treino e alimentação, dava um jeito de ficar doente e se sabotar, voltando à estaca zero.

Mas, agora que você se tornou uma pessoa que está produzindo novos e lindos resultados, além de não negociar o inegociável para você, mantendo em mente a escala de valores que criou, e de ter clareza de por que você faz o que faz, é necessário também estar consciente de que, no caminho, você ainda cometerá falhas, e isso está ligado a uma crença de merecimento adulterada que o impede de frutificar e evoluir a cada estação.

O poder mora na consciência, então preparei uma lista de comportamentos que indicam uma crença de merecimento adulterada, para que você avalie se tem manifestado algum deles. Identificar esses padrões é essencial para corrigir a rota e fortalecer sua crença de merecimento.

Nossa liberdade vem da verdade sobre nós mesmos.

Dificuldade em aceitar elogios e reconhecimento Você tende a minimizar suas conquistas, desconfiar dos elogios ou se sentir desconfortável ao recebê-los.
Procrastinação frequente Você adia tarefas importantes, sobretudo aquelas que podem levá-lo ao sucesso, como se inconscientemente quisesse evitar crescer.
Autossabotagem em momentos de progresso Sempre que está avançando em alguma área, como finanças, carreira, saúde, relacionamentos, algo acontece e você retrocede.
Culpa ao se presentear ou investir em si mesmo Você se sente mal ao gastar dinheiro com algo que lhe faz bem ou ao dedicar tempo ao seu próprio crescimento.
Busca constante por aprovação externa Você só se sente válido ou digno quando recebe a validação dos outros, e quando ela não vem sua autoestima desmorona.
Dificuldade em estabelecer e manter limites Você permite que outras pessoas ultrapassem seus limites por medo de desagradar ou de não ser aceito.
Autoexigência extrema e perfeccionismo Você sente que precisa se esforçar muito mais do que os outros para merecer algo, e nunca acha que é bom o suficiente.
Medo do sucesso ou de chamar atenção Você evita oportunidades de crescimento por receio do julgamento, da responsabilidade ou de não conseguir sustentar o sucesso.

	Dificuldade em receber presentes, ajuda ou favores
	Você se sente desconfortável ao receber algo dos outros, como se precisasse retribuir imediatamente para compensar.
	Relacionamentos tóxicos ou abusivos
	Você permanece em relações nas quais é desvalorizado, pois acredita que não merece algo melhor.
	Falta de compromisso com metas pessoais
	Você desiste facilmente de projetos e objetivos porque, no fundo, sente que não merece alcançar o que deseja.
	Comparação excessiva com os outros
	Você acredita que os outros são mais merecedores do que você e se sente inferior em diversas situações.
	Dificuldade em cobrar pelo seu trabalho ou negociar seu valor
	Você tem medo de pedir um aumento, cobrar um preço justo ou valorizar seus serviços.
	Tendência a carregar culpa por problemas dos outros
	Você assume responsabilidades que não são suas e sente que deve resolver a vida de todos ao seu redor.
	Medo de ser feliz ou de desfrutar conquistas
	Sempre que algo bom acontece, você sente que em breve algo ruim pode acontecer, como se não pudesse simplesmente aproveitar.

Agora que você identificou padrões que refletem uma crença de merecimento enfraquecida, é hora de reprogramar essa crença. O próximo exercício foi pensado para ajudá-lo a construir uma visão mais saudável do que você merece, fortalecendo sua autoconfiança e alinhando suas ações com essa nova mentalidade. Responda com sinceridade e, mais do que isso, comprometa-se a colocar em prática cada passo. O que você acredita sobre si mesmo define a qualidade da sua vida – e hoje você tem a oportunidade de mudar essa história.

1. Escreva cinco razões pelas quais você merece coisas boas na sua vida.

_____

_____

_____

_____

_____

2. Como seria a sua vida se você realmente acreditasse que merece o melhor? Descreva essa visão com detalhes.

_____

_____

_____

_____

_____

_____

_____

_____

_____

_____

_____

_____

_____

_____

_____

_____

_____

3. **Valide o seu merecimento.** Escolha uma ação que você pode fazer nos próximos dias para provar a si mesmo que merece.

( ) Comprar algo para você sem culpa.

( ) Dizer obrigado e aceitar um elogio sem se justificar.

( ) Cobrar o valor justo pelo seu trabalho ou serviço.

( ) Priorizar seu bem-estar sem sentir que está sendo egoísta.

( ) Outra ação: _____.

4. **Para finalizar, escreva uma declaração de merecimento e leia-a em voz alta todos os dias por uma semana.**

Exemplo: Eu mereço viver uma vida abundante e plena. Sou digno de amor, prosperidade e felicidade. Tudo de que preciso já está dentro de mim, e escolho agir como alguém que sabe que merece o melhor.

Agora, escreva a sua própria declaração:

_____

_____

_____

_____

_____

_____

_____

_____

_____

_____

_____

_____

_____

_____

_____

_____

_____

_____

_____

A transformação acontece quando a consciência se torna ação. Ao concluir este exercício, você deu um passo poderoso para fortalecer sua crença de merecimento e alinhar suas escolhas com a vida que deseja viver. Lembre-se: você merece o melhor, e cada pequena decisão que reafirma isso fortalece sua identidade e abre espaço para novas conquistas. Continue praticando essa mentalidade diariamente e observe como sua realidade começará a mudar. Seu merecimento já existe – agora é hora de vivê-lo! Assim, celebro as suas flores e os novos e saudáveis frutos que você já está gerando, e tenho certeza de que neste momento você está munido das armas necessárias para permanecer na linda jornada de transformação que vem trilhando, sem recomeços, e podendo olhar todos os dias para os próximos passos que decidiu viver. Mas não se esqueça: mantenha os olhos na visão positiva de futuro e vigie constantemente as suas motivações, pois assim você cumprirá a sua missão e viverá uma vida com propósito.

Assim como a árvore precisa de raízes profundas, nós precisamos estar conectados aos nossos valores, crenças fortalecedoras e um propósito claro.

NOVOS FRUTOS

@camilavieira

SEMEANDO

"Tenham cuidado, para que vocês não destruam
o fruto do nosso trabalho, antes sejam recompensados plenamente."
— 2 João 1:8

A sua transformação se tornou inquestionável. Os seus novos frutos já são visíveis. Agora, aquilo que antes era apenas uma semente plantada com fé está se tornando uma realidade. A mudança que Deus operou em você já impacta a sua vida e das pessoas ao seu redor. O seu casamento, a sua família, as suas emoções, a sua vida profissional – tudo está sendo restaurado. Mas aqui está um alerta: frutificar é maravilhoso, mas manter os bons frutos e continuar crescendo exige um novo nível de consciência e compromisso.

Quantas vezes, em sua vida, você sentiu que conquistou algo para logo em seguida perder? Uma alegria que parecia boa demais para ser real, mas que rapidamente deu lugar a um novo desafio, ou até mesmo aos velhos problemas que retornaram?

Chega de recomeços! Agora que você alcançou um novo nível de crescimento em várias áreas da sua vida, a sua atenção precisa ser direcionada para o que vai manter esse crescimento, sem cair em ciclos de autossabotagem. Seus frutos não devem ser temporários, mas duradouros, melhorando a cada nova safra, a cada nova estação.

Reflita

O meu esforço para me tornar uma mulher que agrada a Deus, uma esposa sábia capaz de reconstruir um casamento baseado em honra e respeito com o mesmo marido, e uma mãe que guia os seus filhos com sabedoria e amor em direção aos seus propósitos nesta Terra não pode se perder após os primeiros bons frutos. Eles não podem ser apenas presentes em uma estação da minha vida, trazendo alegria e felicidade para as pessoas ao meu redor, e depois simplesmente desaparecerem.

Existem três princípios fundamentais para nos tornarmos frutíferos e duradouros, evoluindo a cada estação.

Princípio 1: não negocie o inegociável!

Você já se perguntou o que realmente sustenta a sua felicidade?

Se não tivermos clareza do que é inegociável para nós, certamente tomaremos decisões ao longo da vida que, à primeira vista, podem parecer oportunidades incríveis, mas que, no fim, podem nos fazer perder aquilo que tem mais valor. Tenho certeza de que você conhece alguém que construiu uma carreira brilhante, mas acabou perdendo o casamento e a saúde. É exatamente sobre isso que estou falando. As nossas escolhas não podem colocar em risco aquilo que nos sustenta.

- Sinceramente, o que não pode faltar para você ser feliz?
- Quais são os seus valores fundamentais? Será que é um desses elementos: casamento, Deus, família, dinheiro, saúde, paz e sucesso profissional? Pense sobre isso.

Não existem valores certos ou errados, e os seus valores não fazem de você alguém melhor ou pior do que ninguém; eles são simplesmente os seus valores. Você precisa conhecê-los para garantir que as suas decisões sejam congruentes com o que realmente o faz feliz. Assim como uma árvore só floresce e frutifica porque tem raízes fortes, a sua vida precisa estar firmada em valores inegociáveis.

"Consagre ao Senhor tudo o que você faz,
e os seus planos serão bem-sucedidos."
– Provérbios 16:3

Princípio 2: sonde constantemente o seu coração

Outro ponto essencial para continuar frutificando é examinar as suas motivações. Por que você faz o que faz? Quem você está tentando agradar? O orgulho pode ser sutil e disfarçado, levando-nos a agir em busca de validação e reconhecimento, em vez de seguir o propósito. Mas Deus não nos chamou para viver em busca de aprovação externa – o nosso valor já está Nele! Quando nos alinhamos com essa verdade, nossas decisões deixam de ser guiadas pelo medo ou pela necessidade de provar algo para os outros.

"Tudo o que fizerem, façam de todo o coração, como para o Senhor, e não para os homens, sabendo que receberão do Senhor a recompensa da herança. É a Cristo, o Senhor, que vocês estão servindo."

– Colossenses 3:23-24

Princípio 3: é para mim! Eu mereço

Esse princípio fala sobre algo que já impediu muitas pessoas de viverem a plenitude que Deus tem para elas: a crença de não merecimento. Palavras duras, experiências do passado e sentimentos de culpa criam barreiras invisíveis que levam à autossabotagem – seja nas finanças, nos relacionamentos ou na saúde. Quantas vezes você começou a prosperar, mas algo dentro de você o levou a perder tudo? A verdade é que Deus deseja que você frutifique em todas as áreas, e isso começa com a renovação da sua mente. É hora de identificar e quebrar esses padrões, escolhendo acreditar que você é amado, capacitado e digno de viver tudo o que foi preparado para você.

Ações para colocar em prática

1. Escreva dez valores que são importantes para a sua vida. Depois de listá-los, ordene-os de 1 a 10, por ordem de prioridade.
2. Feito isso, compartilhe os seus valores com alguém que participa da sua vida e peça que essa pessoa exorte você sempre que o vir tomando uma decisão que pode colocar em risco o que para você é inegociável.

Oração

Pai amado, Senhor da minha vida, eu quero agradecer a Ti por ter me sustentado até aqui. Obrigado pelo Teu perdão aos meus pecados, pela Tua bondade sobre a minha vida e por ter me encontrado no meio dos meus erros e pecados, me atraído para a Tua presença e por não ter desistido de mim.

Espírito Santo de Deus, guarde o meu coração, não me deixe cair e sabotar o que o Senhor já tem feito na minha vida. Aumenta o meu entendimento de quem é o Senhor, aumenta o meu temor para que eu possa seguir a minha vida, obedecendo e agindo com sabedoria em todas as áreas. Quero que a minha vida glorifique o Teu Santo nome. Peço isso em nome do Teu filho, Jesus. Amém!

O poder mora na consciência. Celebre e saiba que você merece frutificar.

NOVOS FRUTOS

8

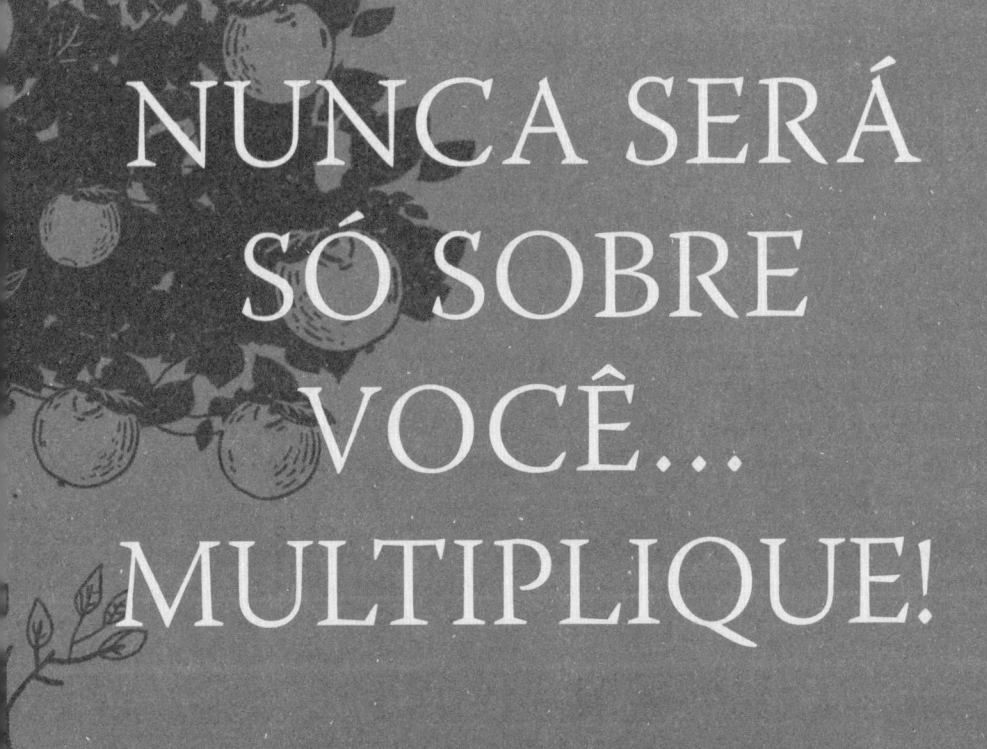

NUNCA SERÁ SÓ SOBRE VOCÊ... MULTIPLIQUE!

Na biologia, a principal característica de uma árvore frutífera e madura é a sua capacidade de gerar novas sementes que serão lançadas e perpetuarão o ciclo da vida. Em nossa vida acontece exatamente da mesma maneira. Ou seja, uma evidência da nossa maturidade se revela na capacidade de multiplicar aquilo que foi gerado em nós.

Assim, começo o último capítulo deste livro com um alerta sobre o que multiplicaremos a partir da nossa vida. Existe uma frase clássica, de autor desconhecido, que é profundamente real. Eu a usarei para introduzir o que quero trazer neste ponto tão importante da jornada de alinhamento e transformação que você resolveu viver por meio da leitura desta obra. Ela diz:

Feridos ferem, mas curados curam.

Eu e você sempre lançaremos sementes do que está em nosso coração para o mundo e para a vida dos que estão à nossa volta. Esse foi o motivo pelo qual comecei o livro falando de quais têm sido as suas sementes e encerrarei reforçando que a sua missão é multiplicar os bons frutos. A jornada não pode parar, pois as feridas e fraturas que existem em nós se eternizam a partir de nós, e o que não edifica, o que não é virtuoso, justo, verdadeiro e bom, precisa acabar em nós.

Mas, antes de nos aprofundarmos na nossa missão neste mundo, quero explicar mais sobre herança e legado, sobre o que você tem deixado e multiplicado na vida dos mais próximos.

O que você está deixando: apenas herança ou um legado?

Herança é aquilo que deixamos para as outras pessoas, já legado é o que deixamos nas outras pessoas. E está tudo bem nos esforçarmos para deixar os nossos filhos confortáveis e seguros financeiramente. Não existe absolutamente nada de errado nisso, desde que você não os esteja perdendo em busca de construir essa herança, e eles saibam que precisam ser capazes de caminhar com as próprias pernas, com ambição de ser melhores em todas as áreas da vida constantemente. Os nossos filhos precisam ter ambição na vida espiritual, na saúde, no casamento, nos filhos deles, na carreira profissional e na vida financeira. A sua herança, portanto, não pode ser uma muleta, muito menos uma gaiola de ouro que os aprisiona e os impede de florescer e multiplicar.

O meu foco, no entanto, não é falar de herança, mas sim de legado. Quando somos chamados para frutificar, as primeiras sementes que lançamos são sobre as pessoas que fazem parte da nossa vida, aquelas sobre quem temos mais influência e, por isso, mais responsabilidade. Legado tem a ver com os valores que passo para as pessoas a partir dos meus comportamentos, exemplos, das minhas palavras e de tudo que entrego para todos à minha volta. Não sei quanto você tem consciência disso, mas eu e você estamos ensinando algo o tempo todo. Estamos sendo observados pelos nossos filhos, cônjuge, parentes, amigos, funcionários e até pelos desconhecidos, e estamos entregando algo a todas essas vidas o tempo inteiro. Quanto mais valor você tiver para uma pessoa, maior será o seu poder de influência sobre a vida dela.

Então, lembrando que tudo o que falamos, fazemos, pensamos e sentimos são sementes, quero que reflita: o que tem sido multiplicado, a partir da sua vida, na vida de quem você mais ama? Que legado você tem deixado?

Em vinte e seis anos de pesquisas que fundamentaram a sua tese de pós-doutorado nos Estados Unidos, milhares de horas de atendimento de coaching individual e outras milhares ministrando sobre reprogramação de crenças e inteligência emocional, Paulo Vieira, meu marido, mapeou dez experiências negativas, as mais comuns e as mais nocivas, que têm gerado um legado de dor e destruição na vida de nossos filhos. Se você ainda não é pai ou mãe, quero que se dedique a este exercício na posição de filho. Certamente entenderá alguns prejuízos que colhe em sua trajetória hoje, fazendo com que possa se libertar disso e ajustar a sua vida, a fim de minimizar as consequências como adulto e se preparar para que a multiplicação seja completamente diferente.

Com muita verdade, coragem e humildade, assinale a seguir se você tem semeado estas experiências na vida dos seus filhos. Caso ainda não seja pai ou mãe, assinale a seguir se viveu isso com seus pais. Na sequência, leia sobre as principais consequências, apontadas por estudos, na vida das crianças que passam por alguma dessas experiências.

Comportamentos inadequados dos pais	Consequências na vida de quem presencia isso
( ) Briga e desarmonia entre você e seu cônjuge na frente dos filhos	• Problemas emocionais • Dificuldade de relacionamento • Baixo desempenho escolar • Problemas financeiros • Comportamento agressivo ou muito passivo • Autoconfiança baixa • Adultos frágeis
( ) Falta de acordo explícito entre pai e mãe	• Filhos manipuladores • Revolta contra um dos lados
( ) Falta de limites e de "não"	• Crianças mimadas, jovens delinquentes, adultos bandidos • Afastamento do pai ou da mãe • Filhos ausentes e isolados • Adultos malsucedidos • Adultos fracos e frustrados
( ) Falta de afeto, carinho, abraço e beijo	• Carência • Sexo precoce • Delinquência juvenil • Ausência de amor-próprio • Baixa autoestima • Busca por amor em outras fontes
( ) Abandono – seja físico ou emocional	• Baixa autoestima • Dificuldade em confiar nos outros • Dificuldade em estabelecer relacionamentos saudáveis • Comportamentos autodestrutivos • Problemas emocionais • Busca excessiva por aprovação • Dificuldade em lidar com emoções

( ) Crítica e impaciência	• Adultos explosivos ou complacentes • Crença de capacidade reduzida • Pouca ambição • Medo de errar • Falta de ousadia • Revolta e descontrole diante das críticas • Filhos paralisados que não agem pois têm medo da crítica
( ) Pais medrosos e inseguros	• Filhos medrosos • Crença de capacidade destruída • Sentimento de impotência • Filhos paralisados • O medo dos pais é a gaiola dos filhos
( ) Os filhos vêm depois do trabalho, da igreja, dos amigos, da bebida, do esporte	• Crença de identidade e merecimento muito baixa • Baixa autoestima • Carência afetiva • Complexo de inferioridade • Necessidade de se sentir pertencente • Fazer tudo para todos e muito pouco para si • Tendência à delinquência e gravidez infanto-juvenil
( ) Filhos presenciando sofrimento de pai e mãe – independentemente do motivo: adultério, álcool, problemas financeiros, depressão, vícios etc.	• Raiva contra aquele que fez o pai ou a mãe sofrer • Culpa • Sentimento de impotência • Insegurança profissional • Filhos que repelem os padrões sexuais dos pais • Depressão • Rebeldia
( ) Falta de Deus no lar	• Falta de direção espiritual • Dificuldade em lidar com desafios • Ausência de paz interior • Perda de referência moral • Menos unidade familiar • Fragilidade emocional • Falta de esperança

Agora, olhando para as dez experiências listadas e suas possíveis consequências, responda nas linhas a seguir: quais fichas caem sobre o legado que você tem deixado para os seus filhos ou o legado que recebeu dos seus pais?

_____

_____

_____

_____

_____

_____

Com mais foco ainda desta vez, escreva as decisões que você toma a partir daqui.

_____

_____

_____

_____

_____

Com o que percebeu até agora, observe o que você estava multiplicando na vida das pessoas que mais ama. Além disso, avalie se os valores e o legado que estava deixando eram de prosperidade e felicidade, ou de dor e fracasso, passando de geração em geração as fraturas e feridas que você recebeu um dia.

A multiplicação – vivendo o seu propósito

É hora de seguir para um novo nível de frutificação e multiplicação. Vamos ampliar a área de influência e entender que todos nós fomos criados por Deus para um propósito específico. Só quando vivemos o processo de mudança – proposto desde o primeiro capítulo deste livro – podemos cumprir a nossa missão e ter uma vida que vale a pena ser vivida, pois vemos os frutos da semeadura, da multiplicação que fomos capazes de gerar na jornada de outras pessoas. Isso tudo, por sua vez, compensa todo o processo de transformação e todos os desafios da jornada.

Você se lembra da parábola que Jesus usou para ensinar a necessidade de sermos frutíferos, de cumprirmos o propósito para o qual fomos criados a fim de justificar nossa existência na Terra?

Então contou esta parábola: "Um homem tinha uma figueira plantada em sua vinha. Foi procurar fruto nela, e não achou nenhum. Por isso disse ao que cuidava da vinha: 'Já faz três anos que venho procurar fruto nesta figueira e não acho. Corte-a! Por que deixá-la inutilizar a terra?'". Respondeu o homem: 'Senhor, deixe-a por mais um ano, e eu cavarei ao redor dela e a adubarei. Se der fruto no ano que vem, muito bem! Se não, corte-a'".

Lucas 13:6-9

Nos primeiros capítulos, falamos que o dono da vinha é o nosso Deus, criador de céus e terras e da nossa vida, e que o jardineiro que cuida da vinha é Jesus, o único que pode nos sarar, mudar o nosso caráter e nos transformar em quem fomos criados para ser. Por último, a evidência fundamental dessa transformação sempre será a multiplicação de nossos novos e bons frutos. E essa multiplicação deve acontecer primeiro na vida de quem temos o dever de influenciar e conduzir, que são os nossos filhos e as pessoas que amamos e que dividem o lar conosco; depois, teremos a autorização, a verdade e a congruência para influenciar, multiplicar e frutificar a vida das pessoas de fora.

Gosto de fazer um paralelo entre a história de Moisés frente à sarça ardente e o que Deus tem feito na minha vida, a partir de uma dor e de um problema que aparentemente seriam o fim do meu casamento, da minha família e de muitos dos meus sonhos e projetos na época. Se ainda não conhece a história da convocação de Moisés para a sua grande missão como libertador do povo de Deus, leia a seguir a passagem que está em Êxodo 3:1-10, para compreender a profundidade da Palavra e entender mais sobre chamado, missão, propósito, obediência, dependência e ser resposta para um povo que clama.

Moisés pastoreava o rebanho de seu sogro Jetro, que era sacerdote de Midiã. Um dia levou o rebanho para o outro lado do deserto e chegou a Horebe, o monte de Deus. Ali o Anjo do Senhor lhe apareceu numa chama de fogo que saía do meio de uma sarça. Moisés viu que, embora a sarça estivesse em chamas, esta não era consumida pelo fogo.

"Que impressionante!", pensou. "Por que a sarça não se queima? Vou ver isso de perto." O Senhor viu que ele se aproximava para observar. E então, do meio da sarça Deus o chamou: "Moisés, Moisés!". "Eis-me aqui", respondeu ele. Então disse Deus: "Não se aproxime. Tire as sandálias dos pés, pois o lugar em que você está é terra santa". Disse ainda: "Eu sou o Deus de seu pai, o Deus de Abraão, o Deus de Isaque, o Deus de Jacó". Então Moisés cobriu o rosto, pois teve medo de olhar para Deus.

Disse o Senhor: "De fato tenho visto a opressão sobre o meu povo no Egito, e também tenho escutado o seu clamor, por causa dos seus feitores, e sei quanto eles estão sofrendo. Por isso desci para livrá-lo das mãos dos egípcios e tirá-los daqui para uma terra boa e vasta, onde manam leite e mel: a terra dos cananeus, dos hititas, dos amorreus, dos ferezeus, dos heveus e dos jebuseus. Pois agora o clamor dos israelitas chegou a mim, e tenho visto como os egípcios os oprimem. Vá, pois, agora; eu o envio ao faraó para tirar do Egito o meu povo, os israelitas".

Êxodo 3:1-10

Não tenho nenhuma pretensão de me comparar a Moisés, é claro, mas vejo nessa história como o nosso Deus costuma trabalhar na vida de pessoas improváveis por meio de uma situação desafiadora, ameaçadora e desconfortável, para ajustar a rota e conduzi-las a seu propósito, ao motivo pelo qual foram criadas e escolhidas por Ele.

Então, assim como a figueira foi criada para produzir figo e essa era a expectativa do "dono da vinha", eu e você também fomos criados para produzir bons frutos e multiplicar "essa semente" pela Terra.

Tudo o que propus na jornada ao longo das páginas deste livro foi para conduzi-lo até aqui, com o entendimento de que você não é definido pelo seu passado, tampouco pelos seus erros e muito menos pelos erros das outras pessoas com você. Também o conduzi para compreender que existe um caminho a ser percorrido e para adquirir consciência sobre quem você vinha sendo – a verdade nua e crua sobre as suas escolhas, o que você estava semeando na própria vida e na dos que o amam, que estava relacionado aos frutos que essas sementes vinham gerando em sua vida. Você agora já sabe e levará essa verdade por onde passar: de Deus não se zomba, e tudo o que existe hoje em sua vida, bom ou ruim, é colheita, pois aquilo que for semeado será colhido. Essa lei é soberana e não será alterada simplesmente por vontade ou desejo pessoal.

Na jornada até aqui, você construiu a sua visão positiva de futuro, aquela que representa os bons e novos frutos que decidiu colher em todas as áreas a partir de agora, e entendeu que essa nova semeadura precisa ser feita para sempre, como um estilo de vida. Onde você colocar o seu tempo e a sua atenção, ali deixará o seu poder. Com tudo isso, também existe uma frequência específica para todos os novos resultados que busca, e está em suas mãos decidir com qual frequência se conectará para viver a transformação. Você fez uma viagem profunda nas memórias e feridas que podiam ainda existir na sua alma e verificou os prejuízos que isso vinha gerando no solo do seu coração – por fazê-lo acessar a sua pior versão e caminhar na contramão de quem decidiu se tornar, impedindo-o de gerar os frutos que foi criado para gerar e, assim, impossibilitando-o de viver o seu propósito.

Desse modo, se permaneceu firme nesta jornada de conteúdos e exercícios até aqui, experimentou a mágica da criação da nova vida surgindo em você e através de você. Aprendeu a reconhecer os pequenos e grandes

ganhos e a celebrá-los. Entendeu que todo o processo, desde a seleção das novas sementes até a colheita dos novos frutos, requer um período e que precisamos suportar com a mentalidade e as atitudes certas o teste do tempo, até podermos ver a nova vida surgindo, os novos resultados nas áreas em que resolvemos semear algo bom e novo.

Com tudo isso, só posso reafirmar que é momento de celebrar o novo que está sendo gerado, e também de se manter em prontidão, pois nunca estaremos totalmente livres do orgulho, assim como vimos anteriormente, e ele sempre buscará um novo disfarce para nos emburrecer outra vez e nos desconectar da nossa missão de nos tornarmos o homem e a mulher que Deus nos fez para ser. Para vencê-lo, você foi conduzido pelo caminho mais eficiente, que é o arrependimento genuíno do seu coração e a auto-humilhação. De agora em diante, isso deve ser um estilo de vida durante toda a sua jornada.

Em resumo, tudo isso foi feito para que você chegasse até aqui e entendesse que a caminhada o habilita a exercer o seu papel de multiplicador de novos frutos na terra. Se eu e você permanecermos nesse processo, não seremos mais semeadores de divórcio, filhos infelizes, doenças emocionais, corpos frágeis e cansados, frieza espiritual, frustração profissional e problemas financeiros. Seremos espelhos do amor de Deus na vida dos que amamos e no mundo ao nosso redor, assim como nas nossas plataformas de influência, por meio da fé, do amor, da alegria e, principalmente, do testemunho sincero da transformação que temos vivido. Mostraremos que, se vencemos os "nossos gigantes" e nos tornamos pessoas melhores, outros podem viver o mesmo. Usaremos a nossa experiência de modo vulnerável e generoso, com o exemplo sincero e verdadeiro que oferecemos, para que outros possam olhar para si mesmos e acreditar que podem viver também uma grande transformação e construir uma nova história para si, para as pessoas importantes de sua vida e para o mundo. Essa é a essência da multiplicação. A jornada nunca se resumirá apenas a nós, ela envolve todos que a nossa nova vida tocará e os frutos que essas pessoas produzirão a partir da jornada que viverão tendo a nossa nova vida como exemplo.

Para mim, a sarça ardente foi o pedido de divórcio, que me colocou em um caminho intenso, dolorido e profundo, mas absolutamente restaurador para o meu caráter. Nessa caminhada, Deus me entregou uma missão. Ele disse:

"Alinha as tuas emoções e abre a tua boca, mas antes te humilha, te humilha e te humilha! Eu a fiz como coluna, para vales de ossos secos, mas antes te humilha!".

Assim, se este livro está em suas mãos, se existem milhares e milhares de pessoas ao redor do mundo fazendo o devocional *Plenitude* e tendo as próprias vidas impactadas, se existe o *Viva a sua real identidade* e todos os outros treinamentos que ministrei, é porque eu vivo sob esse comando até hoje. Sigo obedecendo à ordem de me humilhar e abrir a minha boca – mesmo sem me ver capaz e, muitas vezes, com dúvidas sobre a minha dignidade ou autorização diante dos homens – para fazer algo que Deus está mandando. À medida que me movo, o Senhor aponta o próximo passo, a próxima missão e a direção a ser tomada.

Então, a minha pergunta para você é: qual é a sua sarça ardente? O que existe hoje na sua vida que aparentemente é um grande desafio, uma dor ou uma ameaça? O que o Senhor tem permitido acontecer a você para atrair a sua atenção? Para fazer você se aproximar Dele e escutar o que tem a dizer? Qual é o comando a ser seguido? Qual é o processo de transformação que o conectará ao seu propósito? O que será multiplicado a partir da sua vida para a de outras pessoas?

Sem pressa, dedique alguns minutos para refletir sobre essas perguntas e registre nas linhas a seguir o que está na sua mente e no seu coração.

Essas respostas são chaves poderosas de agora em diante na sua vida. Tudo que você aprendeu neste livro tem um único propósito: torná-lo parecido com o homem ou a mulher que Deus o criou para ser, e assim o conectar com o seu propósito. Saiba que nenhum processo que vivemos se limita a nós. Quando, 24 horas depois do pedido de divórcio, entrei na busca desesperada por saber quem eu tinha me tornado, quem era a mulher que estava destruindo o que mais amava com as próprias mãos, aprendi que, à medida que era "quebrada e refeita na mão do oleiro", assim como está em Jeremias 18:3-6, era usada para trazer novas pessoas ao mesmo caminho de transformação. Não me sentia

preparada, não me sentia digna. Às vezes, eu me sentia uma farsa, pois ouvia muitas mulheres comentarem que as próprias vidas e os casamentos estavam sendo transformados, mas ainda via ameaças e dores na minha realidade. Contudo, é assim que o nosso Pai gosta de trabalhar. Aprendi que era nesse lugar de me sentir indigna e incapaz que compreendia a minha dependência da Graça e do favor de Deus, e que, se Ele não fizesse nada, estaria tudo certo, pois eu mesma não seria capaz de absolutamente nada de bom sem Ele.

Permaneci me sentindo assim até que, em um dia de devocional, cheguei à passagem de João 15, e ela representava tudo, tudo o que eu estava vivendo até então. Tenho a plena convicção de que também é a resposta para esta estação da sua vida.

Eu sou a videira verdadeira, e meu Pai é o agricultor. Todo ramo que, estando em mim, não dá fruto, ele corta; e todo que dá fruto ele poda, para que dê mais fruto ainda. Vocês já estão limpos, pela palavra que lhes tenho falado. Permaneçam em mim, e eu permanecerei em vocês. Nenhum ramo pode dar fruto por si mesmo, se não permanecer na videira. Vocês também não podem dar fruto, se não permanecerem em mim.

Eu sou a videira; vocês são os ramos. Se alguém permanecer em mim e eu nele, esse dá muito fruto; pois sem mim vocês não podem fazer coisa alguma. Se alguém não permanecer em mim, será como o ramo que é jogado fora e seca. Tais ramos são apanhados, lançados ao fogo e queimados. Se vocês permanecerem em mim, e as minhas palavras permanecerem em vocês, pedirão o que quiserem, e lhes será concedido.

João 15:1-7

Antes de multiplicar, precisamos entender que só existe um caminho para cumprir o nosso propósito nesta vida: estar conectados a Jesus e colocar a Sua Palavra em prática. Essa passagem, que está em João, reforça que existimos para frutificar e que, se não fizermos assim, seremos cortados, lançados fora para secar e jogados ao fogo. É mais uma menção de Jesus à razão de existirmos. No entanto, para cumprirmos a missão de multiplicar o que temos recebido Dele, precisamos permanecer Nele.

Olhando de fora para a minha vida e a do Paulo, as pessoas veem muitos holofotes, palcos, eventos com milhares de pessoas, livros best-sellers e fama; mas, se chegarem perto, se caminharem de verdade com a nossa família, verão que só estamos de pé porque buscamos diariamente o Senhor, porque abrimos a nossa boca e dizemos: "Jesus, precisamos de Ti". Só suportamos a jornada e seguimos com a missão por amor e temor; por entender que foi para isso que o Senhor nos sustentou até aqui, e que, se não fosse a Sua misericórdia conosco, já teríamos sido "cortados e lançados fora". Estamos longe da perfeição, mas entendemos quem somos Nele e quem Ele é para nós, e isso mantém nossas escolhas diárias alinhadas na direção que Ele nos tem dado.

Por isso, digo que você chegou até estas últimas páginas por um motivo: você foi escolhido. Você, assim como eu, faz parte dos poucos que são escolhidos, e sinto dizer que escolhido não tem escolha. Tudo o que leu até aqui, todos os exercícios que fez, todas as tomadas de decisão o levaram e ainda o levarão a uma conexão poderosa com o Senhor, e essa conexão será capaz de curar as feridas que ainda existem na sua alma, fortalecerá a sua identidade e o fará gerar muitos novos frutos em sua vida e por onde passar. O seu processo de transformação será a resposta para pessoas que clamam, assim como Deus falou a Moisés na sarça ardente – e faço essa repetição proposital a fim de que você entenda que foi criado para frutificar e multiplicar.

Um dia, recebi uma profecia que dizia que milhares de mulheres fariam a jornada de transformação que eu estava vivendo e, ao final do processo, muitas "Camilas" sairiam e seriam multiplicadoras de toda a sua transformação na vida de outras milhares de pessoas ao redor do mundo. E essa é a minha convocação para você. Que você abra a sua boca, a sua casa, a sua empresa, a sua igreja e, principalmente, o seu coração para semear na vida de outras pessoas e, assim, obedecer ao que Jesus nos mandou fazer, que é gerar bons frutos.

Quantas vezes você buscou se empenhar em algo que desse significado e valor à sua existência? Quantas vezes quis ir além de trabalhar, cuidar da sua família e pagar as contas? Essa inquietação existirá em você enquanto não obedecer ao que Jesus nos mandou fazer: gerar bons frutos na vida de outras pessoas.

Em Mateus 9:37-38, Jesus disse aos seus discípulos: "A seara é grande, mas os trabalhadores são poucos. Peçam, pois, ao Senhor da seara que envie trabalhadores para a sua seara". Que eu e você sejamos os trabalhadores com os quais o Senhor pode contar para a seara, e que a nossa vida seja movida, a partir de agora, pelo entendimento de que viver a transformação não serve apenas para resolver as nossas dores e os nossos problemas, e sim para atrair outras pessoas ao mesmo caminho de profunda restauração de espírito, alma e corpo.

E atenção! Não espere estar com tudo completamente pronto, perfeito, sem fraquezas e falhas para se dispor a multiplicar. Assim como Jesus curou os dez leprosos à medida que eles obedeciam e se humilhavam ao entrarem na cidade para falar com o sacerdote, Ele fará a mesma coisa comigo e com você. Apenas obedeça, entenda a sua humanidade, não a use para justificar os seus pecados, caminhe na dependência, no amor e no poder de Jesus, e você verá o sobrenatural na sua vida, e por meio dela, entrando em ação.

Uma vez, em Luanda, uma profeta do Senhor me disse que Deus respondia às minhas respostas. Parece estranho, eu sei, mas ela estava dizendo que, conforme eu recebia uma direção do Senhor e na mesma hora, quase que loucamente, obedecia, o Senhor respondia dando mais direção, proteção e provisão. E vejo isso em absolutamente tudo a que obedeci, mesmo sem entender e sem acreditar que seria possível.

Por último, quero parabenizá-lo por ter vivido na prática a sua transformação com coragem, verdade e humildade ao longo dos oito capítulos. Seja bem-vindo à estação mais frutífera e feliz da sua vida. Lembre-se de que só tem autoridade de multiplicar quem teve a humildade de viver e permanecer vivendo a jornada. Não pare no meio do caminho. É de fé em fé, de glória em glória, até que o Senhor volte.

Que o Senhor guarde o seu coração, blinde os seus pensamentos, sustente-o na jornada e acenda uma chama que nunca se apaga de amor e temor por Ele. Que você seja revestido de um espírito de coragem, de uma mente equilibrada e de um amor poderoso por Deus e pelas outras pessoas, para que viva e seja usado pelo Senhor por onde passar.

Beijos, com muito amor, e nos encontraremos na seara!

Amo você,

Camila Saraiva Vieira

Você pode produzir novos e melhores frutos e multiplicar a boa semente pela terra.

NOVOS FRUTOS

@camilavieira

SEMEANDO

"Eu sou a videira verdadeira, e meu Pai é o agricultor. Todo ramo que, estando em mim, não dá fruto, ele corta; e todo que dá fruto ele poda, para que dê mais fruto ainda. Vocês já estão limpos, pela palavra que lhes tenho falado. Permaneçam em mim, e eu permanecerei em vocês. Nenhum ramo pode dar fruto por si mesmo, se não permanecer na videira. Vocês também não podem dar fruto, se não permanecerem em mim.

"Eu sou a videira; vocês são os ramos. Se alguém permanecer em mim e eu nele, esse dá muito fruto; pois sem mim vocês não podem fazer coisa alguma. Se alguém não permanecer em mim, será como o ramo que é jogado fora e seca. Tais ramos são apanhados, lançados ao fogo e queimados. Se vocês permanecerem em mim, e as minhas palavras permanecerem em vocês, pedirão o que quiserem, e lhes será concedido."

— João 15:1-7

Meu processo de transformação começou como uma busca desesperada para salvar o meu casamento, mas essa foi a estratégia de Deus para atrair o meu coração a um lugar de cura e transformação de caráter, para que eu me tornasse uma pessoa melhor. Assim, pude usar a minha vida como um testemunho vivo, inspirando outros a viver as próprias jornadas e transformarem a si mesmos ao acessarem o seu propósito.

Aprendi que a nova semeadura não é apenas sobre a minha vida e a dos que me amam. A minha semeadura tem como fim uma multiplicação nos novos frutos que fui capaz de gerar na vida de muitas outras pessoas.

Viva a jornada! Persevere nos dias ruins. Se não fizer por você, faça pelos que clamam pelos seus novos frutos para alimentar a vida deles para que também venham a ser transformados.

Uma árvore atinge a sua maturidade quando é capaz de multiplicar seus frutos e suas sementes, gerando árvores frondosas e frutíferas. Essa é a convocação dos céus para a sua vida hoje. E conheço um único caminho para que sejamos capazes de viver essa multiplicação de virtudes, e não de dores, nas vidas das outras pessoas.

Como João 15 disse acima, apenas com um relacionamento íntimo com Jesus poderemos conhecer a Sua Palavra, sermos cheios do Espírito Santo e

produzirmos bons frutos por meio da nossa vida. Sem Jesus, sempre seremos guiados por nossa alma; os desejos egoístas da carne sempre trarão dores, tristeza e destruição. Como costumo dizer, sem Jesus eu não presto.

Reflita

Qual dor atual é a sua sarça ardente? Onde Deus está querendo chamar a sua atenção para você se aproximar Dele e passar a ser guiado pela Sua voz?

Ao olhar para a sua vida hoje, quanto você reconhece que há um novo e mais profundo nível de relacionamento e intimidade com o Senhor que precisa ser buscado por meio da sua rotina de oração, leitura da Palavra e jejum espiritual?

Quanto você está decidido a dedicar mais tempo e atenção nessa busca?

Em muitos dias, o desafio pode parecer grande, mas se você permanecer nesse lugar de busca e obediência, a recompensa virá – e ela será única. Ela encherá a sua vida com o que só um Pai bondoso, que também é o Deus Todo-Poderoso, pode fazer por seu filho amado: você.

"E não nos cansemos de fazer o bem, pois no tempo próprio colheremos, se não desanimarmos."
– Gálatas, 6:9

Ações para colocar em prática

1. Elabore uma agenda de segunda a sexta-feira, separando um tempo diário para a leitura da Palavra, para ouvir louvores e ministrações, e para orar.

2. Convide uma pessoa especial para compartilhar essa jornada com você. Juntos, vocês poderão se apoiar, manter o foco e celebrar cada etapa dessa caminhada.

3. Quando Deus pedir a você para abrir a boca e compartilhar o que Ele tem feito na sua vida, obedeça! Mesmo estando no processo de transformação do seu caráter e dos seus resultados, fale. Ele completará a obra enquanto você obedece. Isso tem sido real na minha vida.

Oração

Senhor, obrigado pela transformação que tens realizado em minha vida. Sei que ainda não estou pronto e peço perdão pelos meus erros recorrentes e pelo que ainda não foi transformado em mim.

Sei que não fui chamado apenas para ser abençoado, mas para multiplicar essa bênção na vida de outras pessoas. Quero que a minha vida inspire outras pessoas a buscarem um caminho de verdade, de arrependimento, de busca por humildade e santidade e, principalmente, por ser guiado pelo Espírito Santo.

Ajude-me a identificar e responder ao Teu chamado, assim como Moisés respondeu à sarça ardente. Que eu seja sensível à Tua voz e tenha coragem de obedecer a Tuas ordens, para assim viver o meu propósito e agradar a Ti.

Guarda o meu coração do orgulho, da vaidade e da necessidade de aprovação de homens. Faz com que eu seja resistente diante das distrações, para que não perca aquilo que com tanto esforço comecei a construir em Ti. Que minha vida seja um testemunho vivo do Teu poder e da Tua graça. Que eu seja um multiplicador da Tua verdade que salva e cura, espalhando amor e esperança por onde passar. Em nome de Jesus, amém!

Permaneçam em mim, e eu permanecerei em vocês. Nenhum ramo pode dar fruto por si mesmo, se não permanecer na videira. Vocês também não podem dar fruto, se não permanecerem em mim.

João 15:4

NOVOS FRUTOS

@camilavieira

CAMILA SARAIVA VIEIRA é vice-presidente e sócia da Febracis Escola de Negócios – conceituada instituição especializada em pessoas, liderança e gestão –, palestrante e empresária. É mãe de Júlia, Mateus e Daniel, além de esposa do escritor best-seller, master coach e presidente da Febracis, Paulo Vieira. Desenvolveu o Mulheres Experience, o maior programa do Brasil voltado para mulheres que são líderes e querem conquistar uma vida de alta performance e de pleno equilíbrio em todas as áreas.

É mentora de mais de 7 mil mulheres na Jornada da Plenitude, em que realiza encontros semanais ao vivo, e tem uma comunidade exclusiva e estruturada a partir de três pilares: prosperidade financeira, restauração familiar e encontro do propósito. Em 2024, reuniu mais de 40 mil mulheres na Conferência Plenitude, evento que aconteceu no ginásio do Ibirapuera, em São Paulo, com transmissão on-line nas franquias Febracis e para milhares de mulheres globalmente.

Camila é também autora de dois best-sellers: *Viva a sua real identidade: Como viver o seu propósito e realizar os seus sonhos apesar do seu passado*, que deu origem a um poderoso treinamento de mesmo nome que tem impactado a vida de milhares de homens e mulheres ao redor do mundo; e o devocional *Plenitude: 40 dias para você ir além em todas as áreas da sua vida*, que deu origem a um movimento extraordinário de pessoas que abriram as suas casas, empresas e redes sociais para multiplicar o conteúdo do devocional. Nesses projetos, são incontáveis os testemunhos de transformação.

Além disso, Camila formou o Movimento Eu Vou Além (EVA), uma jornada que impacta milhares de mulheres por meio de conteúdos profundos de desenvolvimento pessoal e profissional nas redes sociais e plataformas digitais de ensino e aprimoramento. É pós-graduada em Finanças pelo Instituto Brasileiro de Mercado de Capitais (IBMEC) e em Gestão Empresarial pela Fundação Getulio Vargas (FGV).

⬡ @camilavieira   ▶ @CamilaSaraivaVieira   f /camilasaraivavieira.oficial

Este livro foi impresso pela Gráfica Santa Marta em papel pólen
bold 70g/m² em março de 2025.